인지심리학은
처음이지?

인지 심리학은 처음이지?

1판 1쇄 발행일 2022년 2월 15일 1판 4쇄 발행일 2023년 6월 27일

글쓴이 김경일·김태훈·이윤형 | 펴낸곳 (주)도서출판 북멘토 | 펴낸이 김태완

편집주간 이은아 | 편집 김경란·조정우 | 디자인 책은우주다, 안상준 | 마케팅 민지원, 염승연

출판등록 제6-800호(2006. 6. 13.)

주소 03990 서울시 마포구 월드컵북로 6길 69(연남동 567-11) IK빌딩 3층

전화 02-332-4885 | 팩스 02-6021-4885

🏠 bookmentorbooks.co.kr   ✉ bookmentorbooks@hanmail.net
📷 bookmentorbooks__   f bookmentorbooks

ⓒ 김경일·김태훈·이윤형, 2022

ISBN 978-89-6319-472-1 03180

인지심리학은

Cognitive
Psychology

처음이지?

김경일·김태훈·이윤형 지음

북멘토

차례

2강 인지심리학 알수록 재밌어요

김태훈 교수가 풀어 드립니다

1장 주의: 세상에 대한 관심   93

2장 감각과 지각: 보이는 대로 보지 않고 들리는 대로 듣지 않는 우리   105

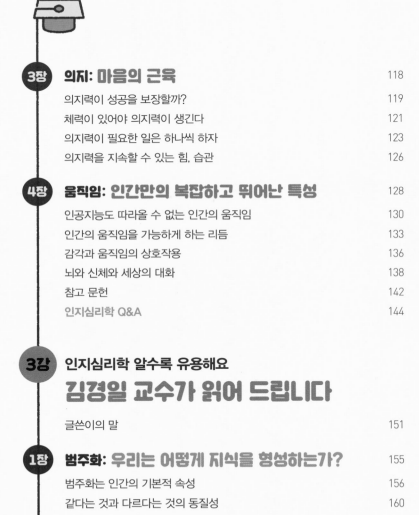

1강
인지심리학 어렵지 않아요

이윤형 교수가
알려 드립니다

내가 '인지심리학^{Cognitive Psychology}'이라는 단어를 처음 들어 본 것은 고등학교 2학년 때였다. 한창 진로에 대해 고민하던 시기였는데, 마침 누나의 친구가 심리학과에 다닌다고 하여 심리학은 어떤 학문인지 물어보게 되었다. 그러면서 나는 인공지능 쪽에 관심이 있다고 했다. 사실 인공지능에 대해서는 전혀 알지 못했지만, 그때 신문과 텔레비전에 많이 나오던 인공지능 퍼지 세탁기나 선풍기 광고에 매료되어 있었던 것 같다. 그때 누나의 친구가 인공지능에 관심이 있으면 심리학과에 가서 인지심리학을 전공하면 어떻겠느냐고 조언했다.

지금 생각해 보면, 대학교 신입생이었던 누나 친구가 인지심리학에 대해 잘 알지는 못했을 것 같다. 인지심리학자로서 고백하는데, 인지심리학과 인공지능이 상당한 관련성이 있는 것은 사실이지만, 인간의 인지 처리 과정보다 인공지능 자체에 더 관심이 있다면 인지심리학보다는 컴퓨터공학을 전공하는 편이 더 나은 선택이라 생각된다. 물론 둘 다 잘한다면 가장 좋겠지만 말이다. 그렇다고 내가 누나친구 때문에 심리학과에 진학하여 인지심리학을 전공하게 되었다는 말은 아니다. 다만 인지심리학이라는 용어를 누나 친구에게 처음 들었고, 그때가 나와 인지심리학의 운명적인 만남의 순간이 아니었나 싶다.

지금은 인지심리학이 어떤 학문이며 얼마나 재미있는지 다양한 방식으로 소개하고 계신 김경일 교수님 덕분에 학생들은 물론 일반인들도 인지심리학에 대해 많이들 알고 있다. 하지만 내가 심리학을 처음 공부하던 시절에는 인지심리학은커녕 심리학이 무엇인지에 대한 이해도 별로 높지 않았다. 그 시절 사람들에게 심리학과에 다닌다고 하면 사람들은 "내가 지금 무슨 생각 하는지 맞혀 보세요."라고 하거나 "사주 보는 거랑 비슷한 건가요?" 같은 질문을 하곤 했다. 대학교 1학년 때는 이런 질문에 발끈해서 심리학은 그런 학문이 아니라고 장황하게 설명했지만, 나중에는 "혹시 집 앞에 은행나무가 있었나요? 아쉽네요. 있었어야 하는데……." 같은 말을 하며 장난을 치곤 했다. 하지만 지금은 이렇게 물어 오는 사람들은 거의 없다. 사람들이 이제 심리학이 무엇인지 비교적 정확히 알고 있는 것 같다.

나와 함께 대학 입학 면접시험을 봤던 한 친구는 심리학과에 왜 지원했느냐는 교수님의 질문에 여자의 마음을 알고 싶어서 지원했다고 대답했었다. 그때 면접관이셨던, 지금은 은퇴하신 교수님께서는 혹시 자네가 공부를 열심히 해서 여자의 마음을 잘 알게 되면 본인한테도 꼭 알려 달라고 당부하셨다. 그 친구는 다행히도 합격했지만 학창 시절 내내 여자 친구 없이 외롭고 씩씩하게 지냈다.

요즘 대학 입시를 위한 면접을 볼 때 학생들에게 심리학이 무엇인지, 심리학과에 지원한 동기가 무엇인지 물어보면, 학생들은 '심리학은 인간의 마음과 행동을 과학적으로 연구하는 학문'이라 대답하고, 각자의 관심사에 따라 임상심리학, 상담심리학, 범죄심리학, 심지어는 인지심리학에 관심이 있어서 지원했다고 대답한다. 학창 시절 심리학사 수업 시간에 "먹고사는 문제가 어느 정도 해결되어야 비로소 '나는 누구인가?', '우리는 왜 이렇게 생각하나?' 같은 것에 관심을 갖게 되기 때문에 심리학은 먹고살 만한 나라에서 주로 관심을 갖는 선진국 학문이다."라는 말을 들은 적이 있다. 일반인들의 심리학에 대한 관심과 이해도를 볼 때 이제 정말 우리나라가 선진국 반열에 올랐다는 실감이 든다.

사실 내가 인지심리학에 관심을 두게 된 것은, 그것 말고 심리학의 다른 분야는 도무지 적성에 맞지 않아서였다. 대학에 다니면서 각 분야의 다양한 심리학 과목들을 수강했는데, 인지 및 지각심리학과 관련된 과목들 이외의 다른 과목은 전혀 적성에 맞지 않았다. 예를 들어 임상심리학의 기초 과목인 성격심리학을 배우는 것은 너무 고통스러워서 성격을 버릴 정도였으며, 생물심리학의 한 분야인 생리심리학 시간에 쥐를 해부한 일은 꿈에서도 다시 떠올리고 싶지 않은 경험이었다. 이런 방식으로 한 분야씩 다 제외하고 남은 것이 인지심리학이었다. 사실 의사 결정 과정에 이러한 전략을 사용하는 것은 나쁜 방법이 아니다. 원하지 않는 것을 한 가지씩 제외하여 최후에 남는 것을 선택하는 것이다.

물론 심리학과를 졸업한다고 해서 모두가 전공을 살리는 것은 아니다. 내 대학 동기들 중 대부분은 일반 기업에 취업하였고, 심리학을 계속 공부하는 쪽을 택한 친구는 그리 많지 않았다. 나는 내 강의를 듣는 모든 학생들에게 첫 시간에 A4 용지 한 장 분량의 자기소개를 준비해 오라고 하고, 나도 자기소개를 한다. 이때 나는 다른 사람에 의해서가 아닌 내 스스로 시간을 조절할 수 있는 직업을 원했고, 이러한 직업을 갖기 위해 학부 전공인 심리학 분야 중 그나마 관심이 있던 인지심리학을 계속 공부했으며, 결국 인지심리학을 전공하는 심리학과 교수가 되었다고 소개한다.

이렇듯 내가 인지심리학을 전공하게 된 데에 거창한 이유는 없다. 별로 아는 바 없이, 어떤 운명적인 끌림에 의해, 혹은 어쩔 수 없는 선택으로 인지심리학을 전공하게 된 것이다. 그렇다고 내가 인지심리학에 애정이 별로 없을 것이라 생각한다면 대단히 섭섭한 일이다. 내가 우리나라에서 가장 뛰어난 인지심리학자 중 한 명이라고 말할 수는 없지만, 인지심리학을 가장 사랑하는 사람 중 한 명이라고는 자신 있게 말할 수 있다. 여전히 심리학과에 지원하는 학생들의 상당수가 임상심리학이나 상담심리학에 관심을 두지만 최근에는 인지심리학에 관심 있다는 학생들이 점차 늘어나고 있어서 무척 반가운 마음이 든다. 자신의 미래를 고민하는 많은 학생들이 이 책을 통해 인지심리학에 관한 올바른 지식을 얻고 이를 바탕으로 인지심리학의 매력에 푹 빠지기를 바란다.

1장

뇌:
마음이 살고 있는 곳

"왼손잡이는 창의성이 뛰어나다.", "혈액형이 A형인 사람은 소심하다.", "보라색을 좋아하는 사람은 4차원이다." 같은 말을 한 번쯤은 들어 본 적이 있을 것이다. 이런 말들에는 내가 관심 있어 하는 사람이 어떤 사람인지 알고 싶어 하는 우리의 마음이 반영되어 있다. 이렇듯 우리는 상대가 어떤 사람인지 알고 싶어 하고, 다른 사람들이 어떤 생각을 하는지, 왜 그렇게 생각하는지 알고 싶어 한다.

많은 사람이 잘 알다시피 심리학은 인간에 대한 이해를 주목적으로 하는 학문이다. 사실 과거에도 같은 목적의 다양한 학문들이 존재했다. 모든 학문의 뿌리라 할 수 있는 철학의 가장 중요한 주제는 '인간'이며, 따라서 오랜 세월에 걸쳐 동서양의 철학자들이 인간의 본질을 탐구하고 이해하려 노력했다. 하지만 철학자들이 사유思惟를 통해 인간의 본질을 탐구했다면, 심리학자들은 인간(그리고 때로는 동물)을 객관적으로 관찰하고 측정함으로써 인간에 대해 연구한다. 심리학에서는 인간의 행동뿐만 아니라 마음도 과학적으로 연구할 수 있다고 믿는다. 그렇다면 과학적 연구 대상인 '마음'이 무엇인지, 어디에 있는지가 상당히 중요한 문제일 것이다. 어디 있는지도 모르고 무엇인지도 모르는 것을 과학적으로 연구할 수는 없으니까 말이다.

수업 시간에 "마음이 어디에 있을까?"라는 질문을 하면 대부분의 학생들이 머리를 가리킨다. 마음이 자리 잡고 있는 곳이 바로 '뇌'라고 생각하는 것이다. 이러한 생각은 최근에 생긴 것이 아니다. 아주 오래전 서양에서는 뇌에 구멍을 뚫어 병든 마음을 치료하려는 시도를 했으며, 1940년대까지도 사람들의 정신적 문제를 치료하기 위하여 코를 통해 뇌의 앞쪽 부분을 제거하는 처치를 하기도 했다. 즉, 아주 오래전부터 인간의 뇌가 마음과 매우 밀접한 관련이 있다고 믿어 왔던 것이다. 따라서 인간의 마음을 연구하는 심리학자들이 뇌에 관심을 갖는 것은 어쩌면 너무도 당연한 일이다.

마음이 자리 잡고 있는 곳인 뇌의 작동 방식은 1960년대부터 인지심리학의 주요한 연구 주제가 되어 왔다. 1960년대에 인지심리학 연구가 활발해지고, 이후 컴퓨터와 뇌 영상 기술이 눈부시게 발전하면서 인간의 정신 작용을 컴퓨터의 작동과 유사한 정보 처리 관점에서 살펴보고, 뇌의 작용과 인간의 정보 처리 과정과의 관련성을 직접 살펴보는 연구들이 활발히 진행되고 있다. 이러한 연구들의 가장 큰 성과 중 하나는 뇌의 특정 부위가 특정한 정신 작용을 담당한다는 사실을 밝힌 것이다. 최근에는 많은 사람들이 '뇌가 곧 마음'이라고 생각하는 것 같다.

물론 나 역시 인지심리학자로서 뇌와 마음이 밀접하게 관련이 있고 마음이 자리 잡은 곳이 뇌라는 관점에 동의하지만, 마음과 뇌를 직접적으로 연결시키기에는 아직까지 우리가 마음에 대해서도, 또 뇌에 대해서도 잘 알지 못한다. '레몬'이란 단어를 떠올리면 왜 저절로 입에 침이 고이는 걸까? 전쟁이나 재해로 고통받는 아이들의 모습을 보면 마음이 아픈데, 과연 '마음이 아프다.'라는 것은 정확히 어떤 의미일까? 마음이 아프다는 것도 결국은 뇌 속 세포들의 작용이라는 것에는 의심할 여지가 없다. 하지만 뇌세포들이 어떻게 상호작용을 하여 실제 먹지 않아도 신맛을 떠올리게 하고, 다른 사람의 상황을 아는 것만으로도 연민의 감정을 느끼게 하는지에 대해서는 아직 아는 것이 매우 적다.

본격적으로 뇌에 대해 이야기하기 전에 한 가지 기억해야 할 것은, 인지심리학에서 뇌에 대해 관심을 갖는 것은 뇌 그 자체에 관심이 있기 때문이라기보다는 뇌의 작용이 어떻게 우리의 사고, 기억, 언어와 같은 고차원적 인지 과정을 일으키는지 알고 싶기 때문이라는 것이다. 인지심리학에서는 '뇌'가 아니라 '뇌의 작용에 의한 결과물인 인지'에 초점을 둔다. 따라서 인지심리학에서는 뇌의 작용을 생물학이나 유전학과 같이 세포 수준에서 보는 것이 아니라 훨씬 더 큰 틀에서 살펴본다.

뇌의 구조

사람들이 일반적으로 뇌brain를 떠올리면 두개골 아래 쭈글쭈글한 호두 모양의 커다란 구조물을 떠올린다. 하지만 그것은 대뇌피질 cerebral cortex이라고 불리는 뇌의 일부분이며 뇌의 가장 중요한 부분들은 대뇌피질이 감싸고 있는 안쪽에 있다.

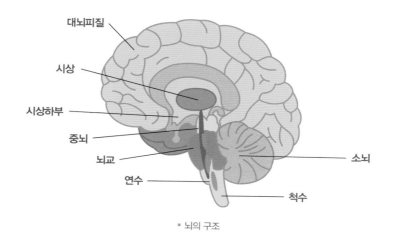

대뇌피질
시상
시상하부
중뇌
뇌교
연수
소뇌
척수

▪ 뇌의 구조

대뇌피질 안쪽에는 주로 생명 유지 및 본능적 행동, 호르몬 조절, 비자발적 운동의 조절 같은 동물로서 생존하는 데 필수적인 작용을 담당하는 뇌 영역들이 위치하고 있다. 예를 들어 가장 깊숙한 곳에 위치한 뇌 구조물인 연수medulla는 심장 박동과 호흡, 의식과 관련이 깊다. 따라서 이 영역을 다치게 되면 심장 박동 또는 호흡이 멎거나 의식이 없어진다. 즉, 죽거나 혼수상태에 이르는 것이다.

또한 연수 위에 위치하고 있는 중뇌midbrain는 눈으로 들어온 정보와 귀로 들어온 정보를 전달하고, 눈동자의 움직임을 통제하는 역할을 하며 쾌감과 관련이 깊은 신경 전달 물질인 도파민의 분비에 중요한 역할을 한다. 중뇌에 위치한 흑질이라는 뇌 영역에 문제가 생기면 도파민의 분비에 이상이 와서 대표적인 퇴행성 뇌질환 중 하나인 파킨슨병이 나타날 수 있다. 파킨슨병의 주요한 증상은 몸의 움직임이 느려지고, 손이나 발이 떨리며, 근육과 관절이 뻣뻣해지는 등의 운동 장애이다. 하지만 파킨슨병에 걸리면 육체적 문제 외에도 우울, 불안, 인지 장애 등 심리적 문제를 보이기도 한다. 아직까지 파킨슨병의 치료제는 없지만, 다행히도 약물 치료 등으로 증상을 완화하거나 개선시킬 수는 있다.

중뇌처럼 대뇌피질 이외의 다른 뇌 영역들도 인간의 정서나 인지 작용에 중요한 역할을 하기는 하지만 기억, 언어, 사고와 같은 고차적인 인지 기능은 주로 대뇌피질에서 담당한다. 즉, 나와 내 친구가 다양한 주제에 대해 토론하고, 짜장면을 먹을지 짬뽕을 먹을지 결정하고, 어려운 수학 문제를 푸는 것은 모두 대뇌피질이 작용한 결과이다. 따라서 인간의 인지를 연구하는 인지심리학자들이 주로 대뇌피질의 작용에 대해 관심을 갖는 것은 자연스러운 일이다. 대뇌피질은 뇌 발달의 관점에서 보면 가장 최근에 진화된 영역이며 인간이 만물의 영장이 되게 하고 인간으로서 살아갈 수 있게 만든 영역이다. 말하자면 우리의 인지가 작동하는 핵심 영역이 바로 대뇌피질인 것이다.

대뇌피질은 크게 오른쪽 뇌(우반구right hemisphere)와 왼쪽 뇌(좌반구left

hemisphere)의 두 부분으로 나뉜다. 두 대뇌반구는 뇌량corpus callosum이라는 신경섬유 다발들로 서로 연결되어 있다. 각 대뇌반구는 위치에 따라 크게 네 개의 엽lobe으로 구분된다. 대뇌반구 중앙의 가장 깊은 틈새central fissure를 기준으로 그 앞쪽을 전두엽frontal lobe, 뒤쪽을 두정엽parietal lobe이라 부른다. 또한 뇌의 옆 부분인 귀 쪽에 깊이 파인 틈새lateral fissure의 아래쪽은 측두엽temporal lobe이며, 뒤통수 쪽은 후두엽occipital lobe이다.

왼쪽 뇌와 오른쪽 뇌는 각기 다른 역할을 한다고 알려져 있다. 기본적으로 오른쪽 뇌는 우리의 몸이나 세상의 왼쪽을 담당하고, 왼쪽 뇌는 오른쪽을 담당한다. 또한 많은 연구자들은 오른쪽 뇌는 전체적인 정보를 처리하고, 왼쪽 뇌는 세부적인 정보를 처리한다고 말한다. 즉, 오른쪽 뇌가 숲을 보고 왼쪽 뇌가 나무를 보는 것이다. 또한 사물의 상대적 위치와 같은 공간 정보는 주로 오른쪽 뇌에서 처리되고, 언어 정보는 주로 왼쪽 뇌에서 처리된다. 이를 반구 국재화hemispheric

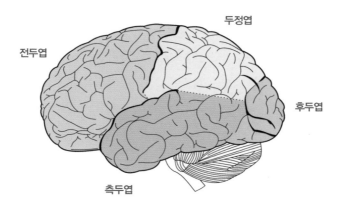

* 대뇌반구의 엽

specialization라고 한다. 이와 같이 왼쪽 뇌와 오른쪽 뇌는 각기 다른 일을 하며, 뇌의 모든 부분은 저마다 고유한 기능을 담당하고 있다.

뇌의 각 영역이 고유의 기능을 갖고 있다는 사실은 1860년대부터 이미 밝혀지기 시작했다. 19세기 프랑스 외과 의사 폴 브로카Paul Broca는 귀로 들리는 말이나 눈으로 보이는 글의 의미는 잘 이해할 수 있으나 하고 싶은 말을 정확하게 발음하는 것에 어려움을 겪는 환자를 연구하였다. 이 환자는 '탄Tan'이라는 별명으로 알려져 있는데, 그가 '탄'이라는 말밖에 제대로 하지 못했기 때문이다. 브로카는 이 환자가 죽고 난 뒤 그의 뇌를 살펴보았고, 그 결과 왼쪽 뇌 전두엽이 손상되어 있다는 것을 발견하였다. 이 영역은 '브로카 영역'이라 불리며, 언어를 산출하는 것과 관련이 있는 영역으로 알려져 있다. 참고로 오른쪽 뇌의 동일한 부분이 손상된 경우에는 이러한 문제가 발생하지 않고 다른 유형의 문제가 발생한다.

비슷한 시기에 독일의 신경과 의사 칼 베르니케Karl Wernicke는 말하는 데는 문제가 없지만 언어를 이해하지 못하는 환자를 발견하였는데, 이 사람은 왼쪽 뇌의 측두엽과 두정엽, 후두엽이 만나는 경계가 손상되어 있었다. 이 영역은 '베르니케 영역'이라 불리며 언어 이해와 관련이 깊은 영역으로 알려져 있다. 마찬가지로 오른쪽 뇌의 동일한 부분은 언어 이해와는 관련이 적다. 즉, 왼쪽 뇌가 주로 언어의 이해와 산출을 담당하는 것이다.

뇌의 다른 영역들이 각기 다른 일을 한다는 것을 의미하는 '대뇌 반구 특성화'는 출생 시기부터 나타나기 시작한다. 갓 태어난 신생아도 왼쪽 뇌와 오른쪽 뇌는 생김새나 (신경세포에서 분비되는) 신경전달물질의 농도가 다르다. 또 사람의 언어에는 왼쪽 뇌가 반응하고, 언어가 아닌 다른 청각 자극에는 오른쪽 뇌가 더 크게 반응한다. 왼쪽 뇌와 오른쪽 뇌의 서로 다른 역할에 대해 이야기하면 사람들은 왼손잡이와 오른손잡이의 뇌가 다른지 묻곤 한다. 앞서 설명한 대로 대부분의 사람들은 왼쪽 뇌가 언어를 처리한다. 특히 오른손잡이의 경우 대개 그러하다. 왼손잡이의 경우에도 70% 정도는 왼쪽 뇌로 언어를 처리한다. 하지만 나머지 30%는 양쪽 뇌가 언어 처리를 하거나 아니면 오른쪽 뇌가 주로 언어를 처리한다. 왼손잡이인지 오른손잡이인지에 따라 어느 정도는 뇌의 역할에 차이가 있는 것이다.

또, 왼손잡이가 오른손잡이보다 더 창의적인가에 대한 의견도 분분하다. 이 질문은 창의성에 대한 정의에서부터 다양한 논쟁을 촉발하는데, 아쉽게도 속 시원한 정답은 없다. 다만 예전에는 어릴 때 숟가락이나 연필을 왼손으로 쥐고 사용하는 아이들에게 오른손을 쓰도록 고쳐 주는 경우가 많았는데, 그럼에도 불구하고 왼손을 계속 써서 왼손잡이로 성장한 아이들은 다른 아이들에 비해 자신의 주관이나 생각이 더 뚜렷한 아이일 가능성이 크다. 다른 사람들의 생각에 크게 영향받지 않고 자기 주관을 분명히 표현하는 것이 창의성의 중요한 특성 중 하나라고 여긴다면 왼손잡이들이 더 창의적이라고 할 수 있겠다. 말하자면 왼손잡이가 창의적인 것이 아니라 창의적이어서 왼손잡이로 살아가고 있을지도 모른다는 것이다.

또한 많은 사람들이 성별에 따라 뇌의 기능과 특성이 다른지 궁금해한다. 인지심리학과 뇌과학 분야에서 성별에 따른 차이를 알아보기 위한 많은 연구가 진행되었는데, 여러 연구에서 남녀 간의 차이보다는 각 개인 간의 차이가 훨씬 크다고 보고하고 있다. 즉, 사람마다 대뇌반구의 기능과 특성에 따른 차이가 나타나기는 하지만, 이러한 차이는 성별에 따른 차이라기보다는 개인의 특성에 따른 차이라는 것이다. 일반적으로 여자는 언어 능력이 뛰어나고 남자는 공간 지각 능력이 뛰어나다고 한다. 이 말이 사실일지라도 그 차이가 생물학적 특성 때문인지 양육의 결과인지는 분명하지 않다. 분명한 것은 남자인 나보다 공간 지각 능력이 뛰어난 여자는 많으며, 나보다 언어능력이 떨어지는 여자들도 많을 것이라는 사실이다. 결론적으로 뇌의 각 영역은 각기 다른 일을 하며, 모든 사람의 뇌는 다 다르다.

이제 인간이 동굴에서 나와 지구를 지배할 수 있도록 만든 핵심영역인 대뇌피질의 역할에 대해 보다 구체적으로 알아보자.

앞을 보는 데 눈보다 더 중요한 후두엽

대뇌피질의 가장 뒷부분인 후두엽은 주로 눈으로 들어온 시각 정보의 처리를 담당한다. 눈은 앞쪽에 있는데 시각 정보의 처리를 담당하는 뇌 영역이 뒤통수 쪽에 있다는 것이 이상하게 느껴질 수도 있다. 하지만 눈에 들어온 정보가 바로 대뇌피질로 가는 것이 아니라 중뇌와 같이 뇌의 중앙에 위치한 영역을 거쳐서 대뇌피질로 가기 때문에 시각 정보를 처리하는 영역이 뇌의 뒷부분에 위치하더라도 크게 이상할 것은 없다. 또한 뇌를 크게 전두엽, 두정엽, 측두엽, 후두엽으로 나누는데, 이 네 영역 중 한 부분이 다른 일은 안 하고 주로 시각 정보 처리만을 담당한다는 것이 이상할 수도 있다. 하지만 우리가 받아들이는 외부 세계 정보의 90% 이상이 눈을 통해서 들어온다는 것을 고려해 본다면 이 또한 이해가 갈 것이다.

무시무시한 가정이지만, 흔히 오감이라고 하는 시각, 청각, 후각, 미각, 촉각 중 한 가지 감각을 포기해야 한다면 어떤 감각을 먼저 포기하겠는가? 그리고 더욱더 무서운 가정이지만, 만약 오직 한 가지 감각만을 남기고 모두 다 포기해야 한다면 어떤 감각을 남기겠는가? 대부분의 사람들은 후각이나 미각을 먼저 포기하고, 시각을 최후까지 남기겠다고 대답할 것이다. 물론 생존을 위해서는 후각과 미각도 생각보다 중요하다. 이상한 냄새는 위험을 알리는 중요한 신호일 경우가 많다. 또, 맛이 이상한 음식은 상한 음식일 수 있으며, 이런 음식을 먹으면 자칫 목숨을 잃을 수도 있다. 하지만 그 어떤 것도 앞이 안 보이는 불편함에 비할 바가 아닐 것이다. 앞이 안 보인다면 당장 방문을 나서는 것부터도 커다란 모험이 될 것이다.

시각 정보의 처리를 담당하는 후두엽이 손상되면 어떤 일이 생길까? 만약 양쪽 대뇌반구의 후두엽이 모두 손상되면 마치 눈이 없는 것이나 마찬가지로 앞을 보지 못하게 된다. 이런 현상을 피질맹(시각 피질이 손상되어 앞을 보지 못하는 현상)이라 부른다. 그렇다면 시각 피질의 일부분이 손상되면 어떻게 될까? 시각 피질의 어떤 부위가 얼마나 손상되었는지에 따라 반맹(한쪽 대뇌반구만 손상된 경우에는 시야의 절반만 보이고 절반은 안 보임), 사분맹(시야를 넷으로 나누었을 때 한 사분면이 안 보임), 암점(시야의 특정 영역이 안 보임)과 같은 현상이 나타나게 된다.

후두엽이 손상된 경우 나타나는 특징적인 인지 장애로는 시각 실인증visual agnosia이 있다. 시각 실인증은 명암을 구분하거나, 색이나 선을 인식하는 것과 같은 기본적인 시각 처리 능력은 있지만 그 정보를 통합하여 하나의 대상으로 보는 능력이 상실된 상태를 말한다. 외부 세계의 정보가 눈을 통해 전달되면 후두엽의 1차 시각 피질에서 먼저 정보들을 처리하고, 인접한 시각 연합 피질에서 통합한 정보를 우리가 인식하게 된다. 따라서 후두엽의 시각 연합 피질이 손상되면 이러한 과정에 문제가 생기게 된다. 시각 실인증 환자는 촉각이나 청각 등 다른 감각을 통해서는 대상을 인식할 수 있지만, 시각 정보를 바탕으로 대상을 인식하는 데 어려움이 있다. 예를 들어 시각 실인증 환자에게 여러 가지 과일이 겹쳐져 있는 그림을 제시하고 어떤 과일이 있는지 구분하라고 하면 그것을 구분해서 인식하지 못할 가능성이 크다. 심한 경우에는 손과 눈에 아무런 문제가 없음에도 옆에 있는 그림을 보고 따라 그리지 못하게 된다.

이렇게 후두엽에서 처리된 시각 정보는 두정엽과 측두엽으로 전달되는데, 측두엽에서는 그 사물이 무엇인지를 알아보며, 두정엽에서는 그 사물이 공간상 어디에 위치하는지 파악한다. 따라서 측두엽이 손상되면 사물이 무엇인지를 알 수 없게 되며, 두정엽이 손상되면 사물의 위치를 판단할 수 없게 된다.

시각 실인증 환자의 증상을 보여 주는 실험들[1]

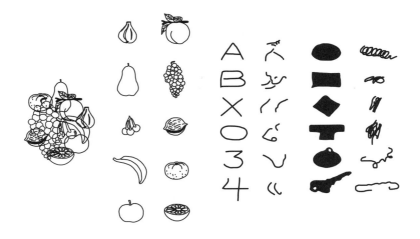

■ 오른쪽 과일들이 겹쳐져 왼쪽 그림이 되었다. 시각 실인증 환자의 경우 왼쪽 그림에서 과일들을 구분하여 인식하는 것이 어렵다.

■ 이 실험 결과는 시각 실인증 환자가 왼쪽에 있는 문자나 숫자, 그림을 그대로 따라 쓰거나 그리기 어렵다는 것을 보여 준다.

이솝 우화에 나오는 여우와 두루미의 식사 초대 이야기를 떠올려 보자. 두루미가 여우의 집에 초대받아 갔는데 음식이 납작한 접시에 나와서 두루미는 전혀 먹지 못했고, 다음에 여우가 두루미 집에 갔을 때는 음식이 긴 호리병 안에 담겨 있어 여우가 음식을 먹지 못했다는 이야기이다. 이번엔 사고로 측두엽이 손상된 원숭이와 두정엽이 손상된 원숭이가 보물찾기를 한다고 생각해 보자. 보물은 여러 개의 네

---

1 — Ghent, L. (1956). Perception of overlapping and embedded figures by children of different ages. Am. J. Psychol. 69, 575-587.

모난 박스 중에서 나무에 가장 가까운 박스에 들어 있다. 측두엽이 손상되었으나 두정엽은 멀쩡한 원숭이는 사물의 상대적 위치(어떤 박스가 나무와 가장 가까운지)를 판단하는 능력이 온전하기 때문에 보물이 어디에 있는지 알 수 있다. 하지만 두정엽이 손상된 원숭이는 상대적 위치 파악 능력이 없기 때문에 모든 박스를 다 열어 보아야 한다. 만약 새로운 모양의 박스 안에 보물이 있다고 한다면, 이번엔 반대로 측두엽은 온전하고 두정엽이 손상된 원숭이는 쉽게 보물을 찾지만 측두엽이 손상된 원숭이는 보물을 찾는 데 어려움을 겪을 것이다.

얼굴을 구분할 때 중요한 측두엽

후두엽 앞쪽, 두정엽과 전두엽 아래의 뇌 영역인 측두엽temporal lobe은 무척 다양한 역할을 한다. 이 영역에서는 후두엽에서 처리된 시각적 대상을 인식하고, 언어를 포함한 청각 정보를 처리하며, 기억과 정서를 담당한다. 측두엽은 또한 개개인의 얼굴을 알아보는 데 중요한 역할을 한다. 무엇보다 측두엽은 특히 기억과 관련하여 매우 중요한 역할을 하는데, 다른 장에서 측두엽이 손상된 환자의 사례를 통해 기억의 문제에 대해 자세히 다룰 것이다.

여기서는 측두엽의 손상이 초래하는 특징적인 인지 기능 장애 중 하나인 안면 실인증prosopagnosia에 대해 살펴보자. 안면 실인증은 앞서 설명한 시각 실인증과 유사하지만, 시각 실인증과는 중대한 차이점

* 이탈리아 화가 주세페 아르침볼도의 〈베르툼누스〉

이 있다. 안면 실인증 환자들은 시각 실인증 환자와 달리 과일과 같은 시각적인 대상들을 인식하는 것에는 아무런 문제가 없다. 하지만 이들은 사람의 얼굴을 구별하는 능력에 문제가 있다. 즉, 사과, 포도, 바나나 등의 과일이 섞여 있는 그림을 보았을 때는 아무런 문제 없이 그 과일들을 구분해 내고 그것이 무엇인지 말할 수 있지만, 친숙한 사람의 사진을 제시했을 때 그 사람이 누

구인지 인식하지 못한다. 심한 경우에는 사람의 얼굴을 전혀 인식하지 못하기도 한다. 예를 들어 안면 실인증 환자는 위의 그림에 그려진 각 과일이나 채소를 구분하여 인식할 수 있지만, 그림의 전체적인 모양이 사람의 얼굴과 유사하다는 것은 파악하지 못한다. 또한 이 환자들 중 일부는 사람 얼굴을 통해 그 사람의 성별이나 감정을 구분해 낼 수는 있으나, 그 사람이 누구인지는 파악하지 못하기도 한다.

이러한 안면 실인증이 나타나는 이유는 측두엽에 있는 얼굴을 인식하는 데 특화된 뇌 영역FFA: fusiform face area이 손상을 입었기 때문이다. 앞서 우리가 외부 정보의 90%를 시각을 통해 받아들이기 때문에 뇌의 상당히 큰 영역(후두엽)이 시각적 정보의 처리를 담당한다고 하였

다. 그렇다면 얼굴의 처리에는 어떠한 특징적인 면이 있어서 이를 담당하는 영역이 필요한 것일까?

얼굴을 구분하는 것은 생존을 위해 매우 중요하다. 생각해 보라. 만약 어린아이들이 엄마 얼굴과 다른 사람의 얼굴을 구분하지 못한다면 얼마나 큰 생존의 위협이 되겠는가? 얼굴을 구분하는 능력은 어렸을 때는 나에게 먹을 것을 제공하고 나를 씻겨 주며 안전하게 지켜 주는 사람과 그렇지 않은 사람을 구분하는 능력이며, 성장 이후에는 친구를 만나고 사회생활을 해 나가는 데 필수적인 능력이다. 만일 어제 만난 사람을 전혀 기억하지 못한다면 어떻게 친구를 사귀겠는가?

그렇다면 얼굴을 구분하는 능력은 태어날 때부터 있던 능력일까? 사실 그렇지는 않다. 오히려 많은 연습을 통해 다져진 능력이다. 갓 태어난 아기는 사람의 얼굴을 구분하지 못한다. 자라면서 다양한 사람들의 얼굴을 직간접적으로 접하며 얼굴을 구분하는 능력이 발달하게 된다. 어린아이들이 처음에는 낯가림을 하지 않다가 점차 낯가림을 하게 되는 것도 얼굴을 구분할 수 있게 되었기 때문에 나타나는 현상이다.

사람의 얼굴을 구분하는 것이 매우 쉬운 일인 것처럼 생각되겠지만, 사실 이것은 상당히 어려운 일이다. 믿기 어렵겠지만 우리나라 대부분의 성인 남자 얼굴은 박보검의 얼굴과 큰 차이가 없다. 비슷한 크기의 두 눈이 비슷한 위치에 있으며, 중간에 코가, 그 아래 입이 있다. 물론 눈, 코, 입의 크기와 모양이 조금씩 다르고 얼굴 모양도 약간 다르며, 그 조금의 차이들이 모여서 엄청난 차이를 만들어 내긴 하지만 말이다. 불행인지 다행인지 우리는 이러한 작은 차이들을 잘 구분하여 누가 누구인지 구별할 수 있다. 이러한 능력은 수없이 많은 사람들과 마주하면서 다양한 사람들의 얼굴을 쳐다보고 아는 사람인지 모르는 사람인지, 아는 사람이라면 누구인지 구별하는 연습을 통해 습득된다.

얼굴 구분이 연습의 결과라는 증거는 많이 있다. 일반적으로 우리는 같은 나이 또래의 얼굴을 더 잘 구분하는데, 이것은 비슷한 또래를 더 많이 보아 왔기 때문이다. 하지만 초등학교 선생님들의 경우에는 아이들의 얼굴을 자기 연령대의 얼굴만큼 잘 구분하며,[2] 노인을 돌보는 일을 하는 사람들은 노인의 얼굴을 잘 구분한다.[3] 나와 같은 학교에서 근무했던 한 캐나다인 교수는 학교 벤치에 앉아서 지나가는 학생들을 쳐다보고 있으면 문득 똑같은 사람이 반복해서 지나가고 있다는 착각이 든다고 말했다. 나도 내가 미국에 갔을 때 비슷한 경험을 했다고 말해 주었다. 사실 그 친구는 그전까지 동양인을 많이 보지 못해서 동양인의 얼굴을 구분하는 것이 어려웠을 것이다. 마찬가지로 나도 상대적으로 서양인을 많이 접해 보지 못해서 서양인들의 얼굴을 구분하는 것이 어려웠다.

그 캐나다인 교수가 한국에 있을 때 그에게 브래드 피트나 맷 데

---

2 — Harrison, V., & Hole, G. (2009). Evidence for a contact-based explanation of the own-age bias in face recognition. Psychonomic Bulletin & Review, 16, 264-269.
3 — Wiese, H., Komes, J., & Schweinberger, S.R. (2013). Ageing faces in ageing minds: A review on the own-age bias in face recognition. Visual Cognition, 21, 1337-1363.

이면을 닮았다고 하는 사람들이 꽤 있었다. 하지만 이는 사람들이 젊은 남자 백인을 많이 접해 보지 못했기 때문에 그렇게 생각했을 가능성이 크다. 일단 브래드 피트랑 맷 데이먼은 별로 비슷하게 생기지 않았고, 실제로 그 교수는 금발의 백인이라는 것 외에는 그 둘과 전혀 비슷하지 않았다. 만약 해외에서 아이돌 그룹 멤버 중 한 명으로 오해받는 일이 생긴다면, 자신이 실제로 그 아이돌을 닮아서라기보다는 그 말을 한 외국인이 한국 사람을 많이 못 보았기 때문이라고 생각하는 것이 더 정확한 판단일 것이다.

공간을 파악하는 두정엽

후두엽의 앞쪽, 측두엽의 위쪽에 위치한 두정엽occipital lobe의 가장 주된 기능은 다양한 감각기관을 통해 외부에서 들어온 정보를 통합하고, 이를 기억 속 정보와 통합하는 것이다. 두정엽의 또 다른 기능은 특정한 대상이나 공간에 주의를 기울이게 하는 것이다. 따라서 이 영역이 손상되면 공간 정보를 이용하는 데 문제가 생기게 된다.

공간 처리의 결함이 초래하는 특징적인 장애 중 하나는 편측 무시증Hemineglect이다. 이 증상은 왼쪽 뇌보다는 오른쪽 뇌가 손상되었을 때 더 자주 관찰된다. 앞서 설명한 대로 오른쪽 뇌는 세상의 왼쪽을 담당하므로 편측 무시증은 흔히 자신의 왼쪽에 주의를 기울이지 못하여 왼쪽을 무시하는 현상으로 나타난다. 편측 무시증 환자들은 시각과 청각 중 어떤 방식으로 제시되든, 왼쪽에 제시되는 모든 정보를 무시한다. 예를 들어 식당에서도 오른쪽에 있는 음식만 먹으며 심한 경우에는 양치질과 세수도 오른쪽만 하고, 왼쪽 몸이 자신의 것이 아니라고 생각한다.

하지만 마치 우리가 평상시에 등 뒤에 있는 정보에 별로 신경을 안 쓰다가 등 뒤의 정보가 중요한 것이라고 생각되거나 혹은 뒤쪽에서 무슨 소리가 들리거나 하면 등 뒤를 쳐다보는 것처럼, 왼쪽의 정보가 중요하거나(예를 들어 왼쪽에 있는 무엇인가를 찾으면 돈을 줌), 오른쪽에 아무런 정보가 없을 때는 왼쪽을 무시하는 증상이 줄어든다.

인지의 근원, 전두엽

두정엽의 앞쪽에 위치한 전두엽frontal lobe은 어떤 의미에서는 가장 중요한 뇌 영역이고, 또 어떤 의미에서는 가장 중요하지 않은 뇌 영역이다. 전두엽은 가장 늦게 발달하는 영역이며 인간만의 가장 독특한 인지 기능의 근원이라 할 수 있다. 전두엽은 우리가 앞으로 무엇을 하고 싶은지, 그것을 하려면 어떻게 준비해야 하는지 계획을 세울 수 있게 하고, 어려운 문제를 풀 수 있게 한다. 따라서 다른 영역들의 손상은 기본적인 인지 기능의 장애(언어나 시각, 공간각, 얼굴 구분 같은 것과 관련되어 있던 앞의 예들을 생각해 보라.)를 초래하지만, 전두엽의 손상은 보다 복잡한 인지 및 사고 기능의 장애를 초래한다. 그렇기 때문에 어쩌면 전두엽이 우리의 대뇌피질에서 가장 덜 중요한 영역일 수도 있다. 후두엽의 손상은 앞을 못 보게 하지만 전두엽의 손상은 미적분 문제를 못 풀게 한다!

전두엽은 특정한 인지 기능을 담당하기보다는 행동을 계획하고, 행동의 결과를 예측하며, 복잡한 과제를 다양한 전략을 사용해 체계적으로 수행할 수 있게 하고, 추상적 판단과 의사 결정을 하게 한다. 말하자면 행동 전반을 관리 감독하는 뇌 안의 뇌와 같은 역할을 하는 것이다. 이러한 관리 감독 체계는 다른 뇌 영역에 비해 가장 늦게 발달하기 때문에 일반적으로 아이들이 성인에 비해 감정을 통제하기 어렵고, 충동을 잘 이기지 못하며 일탈에 빠지는 경우가 많다. 따라서 전두엽은 충동성 조절과 주의력 결핍 과잉 행동 장애ADHD나 정서 장애와 깊은 관련이 있다.

전두엽의 손상은 다양한 방식으로 고차원적 사고 및 인지 기능에 영향을 미친다. 전두엽이 손상되면 계획을 세우고 실행하기 어렵게 되며, 행동 조절에 어려움을 겪고, 성격이 변하기도 한다. 또한 판단과 의사 결정에 문제가 생겨 사회적으로 올바르지 않은 행동을 하게 되기도 한다. 요즘 많이 언급되고 있는 사이코패스라든지 분노 조절 장애와 같은 다양한 정서 장애들도 전두엽의 작용과 관련이 깊다.

하지만 우리는 전두엽의 작동 방식에 대해 구체적으로 아는 것이 그다지 많지 않다. 이것은 전두엽이 뇌 안의 뇌라 불릴 정도로 매우 심오한 인지 작용을 담당하기 때문일 수도 있지만, 아직까지 우리가 인간의 인지에 대해서 정확하게 이해하지 못하고 있기 때문일 수도 있다. 예를 들어 창의성은 전두엽과 매우 밀접한 관련이 있다고 간주된다. 그런데 아직까지 창의성을 어떻게 정의해야 하며 어떤 사람이얼마나 창의적인지를 어떻게 측정할 것인지에 대해서는 일관된 견해가 없다. 전두엽과 관련이 깊은 다른 여러 고차 인지 기능들도 모두마찬가지이다. 이렇게 정의하기 힘든 인지 기능이 뇌에서 어떻게 처리되는지 연구하는 것이 매우 어려운 일이라는 것은 쉽게 짐작할 수있다. 만약 인지심리학 연구가 발전하여 인간의 인지 과정을 모두 이해하게 된다면 아마도 뇌 영역들의 작동에 대해서도 훨씬 잘 알 수있게 될 것이다. 그러므로 인지심리학은 어렵지만 재미있고, 중요하며, 또 앞으로 무궁무진한 발전이 기대되는 분야라 할 수 있다.

뇌를 다치기엔 너무 늦었어!

이제 대뇌피질의 각 영역이 서로 다른 인지 기능을 담당한다는것을 알았다. 그렇다면 만약 중요한 뇌 영역들 중 한 곳이 아예 발달하지 않는다면 어떻게 될까? 슬프게도 어떤 아이들은 한쪽 뇌가 발달하지 않은 상태로 태어나기도 한다. 즉, 두 개의 대뇌반구 중 하나의 반구만 발달하고 다른 하나의 반구는 발달되지 못한 채 쪼그라들어 있는 상태로 태어나는 것이다. 이런 아이들이 어떻게 죽지 않고살 수 있는지 의아하다면 앞서 설명한 뇌의 구조에 대해 다시 떠올려보자. 생명 유지를 위해 필요한 뇌의 가장 중요한 부분들은 대뇌피질이 감싸고 있는 뇌의 깊숙한 안쪽에 위치해 있다. 따라서 대뇌피질의 한쪽이 없다고 해서 생명 유지가 불가능한 것은 아니다.

앞서 대부분의 사람들이 왼쪽 뇌를 통해 언어를 처리하고 오른쪽 뇌를 통해 공간 정보를 처리한다고 하였다. 그렇다면 이렇게 태어날 때부터 한쪽 뇌가 없는 아이들은 언어 정보와 공간 정보를 어떻게 처리할까? 여러 연구들에 따르면 한쪽 반구만 발달한 아이들은 정상적인 반구를 이용해서 모든 정보를 다 처리할 수 있다. 즉, 왼쪽 반구만 발달한 아이들은 언어와 공간 정보의 처리를 모두 왼쪽 반구에서 하고 오른쪽 반구만 발달한 아이들은 오른쪽 반구가 모든 정보를 처리한다.

그렇다면 이 아이들이 양쪽 반구를 다 가지고 있는 아이들만큼 언어나 공간 정보 처리를 잘할까? 유감스럽게도 그렇지는 않다. 왼쪽 반구만 있는 아이들은 언어 능력을 살펴보는 과제는 양쪽 반구가 다 있는 아이들만큼 잘 수행하지만, 공간 능력을 살펴보는 과제는 잘 해내지 못한다. 오른쪽 반구만 있는 아이들은 반대로 공간 과제는 잘하지만 언어 과제는 잘하지 못한다.[4] 이 사실은 뇌의 구조 및 발달과 관련해서 두 가지 정보를 제공한다. 첫째, 적어도 매우 어렸을 때는 한쪽 반구가 없거나 망가져도 다른 쪽 반구에서 그 기능을 대신할 수 있다. 둘째, 그럼에도 기본적인 기능에서의 차이는 분명하게 나타난

---

4 — Dennis, M., & Kohn, B. (1975). Comprehension of syntax in infantile hemiplegics after cerebral hemidecortication: Left-hemisphere superiority. Brain and Language, 2(4), 472-482.

다. 즉, 각 반구가 서로의 일을 대신해 줄 수는 있으나 원래 하던 것만큼 잘할 수는 없다는 것이다.

아직 뇌가 발달하는 와중에 있는 아동이 뇌에 손상을 입은 경우에는 다행히도 성인에 비해서 매우 두드러진 회복 양상을 보인다. 이처럼 일찍 손상을 입을수록 회복이 더 잘된다는 것을 '케나드 원리 Kennard principle'라 부른다. 그렇다면 성인이 되어서 뇌가 손상된 사람들은 어떨까? 아쉽게도 성인의 경우에는 발달 초기의 아동들과 같은 회복은 기대할 수 없다. 마치 손으로 못 하면 발로 하고, 이가 없으면 잇몸으로 하는 것처럼 뇌의 다른 영역들이 손상된 뇌 부위가 하던 일을 대신할 수는 있지만, 뇌가 재조직화 reorganization 되어 기존에 하던 만큼 잘하게 되는 것을 기대하기는 어렵다. 따라서 뇌를 위험에 빠뜨리는 일은 무조건 피해야 한다. 특히 헬멧을 쓰지 않고 자전거나 오토바이를 탄다든지, 안전벨트를 매지 않고 자동차를 타는 행위 등은 뇌의 관점에서 봤을 때 정말로 위험한 행동이다.

앞서 마음이 자리 잡고 있는 곳이 바로 뇌이며, 뇌에서 고차원적인 사고, 기억, 언어와 같은 인지 작용이 일어난다고 하였다. 따라서 건강한 뇌를 유지하는 것이 건강한 마음의 출발점이라는 것을 꼭 기억하길 바란다.

2장

학습:
공부의 왕도

이 책을 보는 대부분의 사람들은 어떤 형태로든 입시 지옥을 경험했거나 경험할 예정일 것이다. 아마도 많은 사람들이 자신이 겪은 입시가 가장 힘들고 고통스러웠다고 회상하겠지만, 내가 예전에 겪었던 입시에 비해 내 아이들이 겪고 있는 오늘날의 입시는 정말로 지옥과 같다는 생각이 든다. 현 입시 제도는 수능 준비도, 과목별 수행도, 내신도 모두 잘해야 하고, 봉사 활동과 동아리 활동도 적극적으로 해야 하며, 다양한 분야의 책도 섭렵해야 하는 그야말로 초울트라 슈퍼맨을 기대하는 것 같기 때문이다.

그렇다고 내가 겪었던 입시가 괜찮았다는 것은 아니다. 나는 시험을 보기도 전에 미리 학교와 학과를 정해 지원하고, 바로 그 대학에서 경쟁자들과 함께 시험을 봐야 하는 아주 단순하고 화끈한 선지원

후시험 방식의 학력고사를 치렀다. 지금은 여러 대학교에 지원할 수 있지만 그때는 지원한 대학에 가서 시험을 봐야 했으므로 오직 한 군데만 지원할 수 있었고, 거기서 떨어지면 거의 재수를 선택했다. 이런 이야기를 하는 것은 학력고사의 추억을 떠올리거나 입시 제도의 문제에 대해 함께 분노하기 위해서가 아니다.

지금도 수능 만점자들에 관한 인터뷰 기사가 나오지만, 학력고사가 끝나고 성적이 발표되면 으레 텔레비전과 신문에 학력고사 전국 수석 학생의 인터뷰 기사가 나왔다. 전국 수석 학생들은 대체로 "교과서 위주로 예습, 복습을 충실히 했으며 수업 시간에 집중해서 공부했다."라고 모범답안 같은 대답을 하곤 했다. 실제로 1982년 학력고사 전국 수석이었던, 지금은 정치인이 된 어떤 분의 인터뷰 내용을 찾아보면 "수업에 충실하고 교과서에 충실했다."라고 말했다. 그때는 이 말이 그냥 하는 말이라고만 생각했다.

하지만 대학에 진학하여 인지심리학을 전공하고 박사 학위를 받을 때쯤 문득 전국 수석들의 말이 다시 떠올랐고, 그제야 비로소 그들이 한 말의 진정한 의미를 알게 되었다. 내가 10년 정도 학습과 기억에 관한 내용에 대해 공부하고 난 뒤에야 깨달은 사실을 전국 수석들은 이미 몸으로 실천하고 있었던 것이다. 역시 전국 수석은 뭐가 달라도 다르구나 싶다.

지금부터 인지심리학의 가장 핵심이라 할 수 있는 정보 처리 모형에 대해 이야기하면서, 내가 너무 늦게 알게 된 진정한 공부의 비법에 대해 이야기해 보려 한다. 전국 수석의 꿈을 떠올리며 기대에

차 다음 내용을 읽기 전에 명심해야 할 것이 있다. 비법을 알았다고 해서 바로 고수가 되는 것이 아니라는 사실이다. 비법을 익혀서 효과를 보려면 반드시 오랜 시간 동안의 수련이 필요하다.

인지심리학적 관점에서 학습이란?

1960년대에 인지심리학이 태동하여 지금과 같이 발전하기 전까지 학습은 '경험에 의한 행동의 변화'로 정의되었다. 학습이 이와 같이 정의되는 데 가장 크게 기여한 사람들은 과학적 심리학 연구의 기초를 다진 파블로프와 스키너이다. 과학적 학문으로서의 심리학 발전에 지대한 공헌을 하였으며 후에 노벨 생리학상을 수상한 이반 페트로비치 파블로프Ivan Petrovich Pavlov는 1900년대 초에 고전적 조건 형성classical conditioning이라는 학습의 가장 기본적인 원칙을 발견하였다. 고전적 조건 형성은 두 사건 사이의 연관성을 학습하는 것이다. 파블로프는 소화액에 관한 연구를 하던 중 실험 대상인 개가 사육사의 발소리가 들리면 침을 흘린다는 사실을 발견하였다. 이에 호기심을 느낀 파블로프는 개를 유심히 관찰하였고, 얼마 지나지 않아 개가 침을 흘리는 이유가 사육사가 먹이를 가져다주기 때문이라는 것을 깨달았다. 즉 개에게 사육사의 발소리가 곧 먹이가 제공된다는 사실을 알리는 신호로 작용한 것이다.

사육사의 발소리와 같이 원래는 아무런 관련이 없는 사건이 먹이

제공이라는 사건과 연관되어 있다는 사실을 익히는 것, 즉 두 사건 사이의 관련성을 알아차리는 것이 바로 고전적 조건 형성이다. 이러한 현상은 우리의 일상생활에서 무수히 발견된다. 예를 들어 치과 드릴 소리만 듣고도 울음을 터뜨리는 현상(곧이어 있을 고통스러운 치료 과정을 떠올리게 함)이나 번개를 보면 곧 천둥소리가 날 것을 예상하여 귀를 막는 행위는 가장 전형적인 고전적 조건 형성의 예이다.

스키너 상자로 유명한 미국 행동주의 심리학자 버러스 프레더릭 스키너Burrhus Frederick Skinner는 1930년대에 조작적 조건 형성operant conditioning이라는, 어쩌면 학습에 가장 중요한 원칙이라 할 수 있는 현상을 발견하였다. 이 현상은 자신의 행동이 초래하는 결과에 따라 그 행동을 더 많이 하거나 더 적게 하게 되는 것을 의미한다. 스키너는 레버를 누르면 먹이가 나오는 빈 상자 안에 배고픈 쥐를 넣어 두었는데, 이 불쌍한 쥐는 처음에는 어찌할 바를 모르다가 우연히 레버를 누르게 되어 먹이를 먹을 수 있었다. 이후에도 우연히 레버를 누르고 먹이를 먹는 일이 반복되면서 점차 쥐는 레버를 누르면 먹이가 나온다는 사실을 알아차리게 된다. 이후로 이 쥐는 먹이를 먹고 싶을 때마다 레버를 누르게 된다. 이와 같이 자신의 행동이 특정한 결과를 야기한다는 사실을 학습하게 되는 것이 바로 조작적 조건 형성이다.

이 현상이 실생활에 적용되는 예는 무수히 많다. 돈을 넣고 자판기 버튼을 누르면 음료가 나온다는 것을 아는 것부터, 공부를 열심히 해서 좋은 성적을 받은 이후 더 열심히 공부하게 되는 현상에 이르기까지 우리 삶의 많은 부분들은 조작적 조건 형성의 원리를 따른다.

요약하자면 고전적 조건 형성과 조작적 조건 형성은 연관성을 배우는 연합 학습이라 볼 수 있다. 고전적 조건 형성은 두 사건 사이의 관련성을 배우는 것이며, 조작적 조건 형성은 행동과 결과 사이의 관련성을 배우는 것이다. 이렇게 인지심리학이 발전하기 이전에 심리학자들은 학습을 연합 학습의 관점에서 바라보았으며, 학습자들을 주어진 정보를 익히는 존재로 가정하였다.

하지만 우리는 운동을 열심히 해서 체중 감량에 성공한 다음 계속 운동을 하는 사람들도 있지만 그러지 않는 사람들도 많다는 것을 잘 알고 있다. 또한 행동의 결과가 좋지 않더라도 그 행동을 계속하는 사람들이 많이 있다는 것도 잘 안다. 즉, 사람은 개나 쥐보다는 훨씬 다양하고 복잡하게 행동한다. 따라서 현대의 인지심리학자들은 과거의 심리학자들처럼 학습을 주어진 정보를 받아들이고 관련성을 익히는 수동적인 과정으로 바라보지 않고, 필요한 정보를 능동적으로 찾고, 찾은 정보를 해석하고 조직화하여 의도에 맞게 처리하는 '정보 처리 과정'으로 바라본다. 즉, 인지심리학의 관점에서 학습자는 '능동적인 정보 처리자'이며, 학습자 각자가 정보를 찾는 방식, 해석하고 조직화하는 방식이 다르다고 가정한다. 이러한 관점에서 보면 좋은 학습자란 정보 처리 과정에서 적절하고 효과적인 전략을 잘 세우고 이를 효과적으로 활용하는 학습자일 것이다.

그렇다면 지금부터 전국 수석과 그렇지 않은 사람들의 정보 처리 과정에는 어떠한 차이가 있을지에 대해 인지심리학에서 기억 연구의 토대를 마련한 리처드 앳킨슨Richard Atkinson과 리처드 쉬프린Richard Shiffrin

의 중다 기억 장치$^{multi-store}$ 모형을 바탕으로 이야기해 보자.

정보가 처음 들어오는 곳, 감각 기억

기억이란 어떤 정보가 들어오면 그것을 머릿속에 넣어 두었다가 그 정보가 필요하게 되었을 때 꺼내어 사용하는 정신적 능력을 의미한다. 따라서 학습이나 판단 및 결정과 같은 고차원적인 인간의 기능들에 기억은 필수적이다. 만약 인간에게 기억하는 능력이 없었다면 우리는 과거의 경험으로부터 학습하거나 이전 세대의 경험을 전수받지 못했을 것이고 아직도 동굴 속에서 생활하고 있을 것이다.

앳킨슨과 쉬프린의 중다 기억 장치 모형의 핵심은 우리의 기억 체계가 세 단계의 구분된 저장소로 구성된다는 것이다. 각 저장소는 저장 용량^{span}, 보유 기간^{duration}, 수행하는 역할^{function}에 차이가 있다. 앳킨슨과 쉬프린은 외부의 정보는 우선 감각 기억$^{sensory\ memory}$에 저장된다고 가정한다. (최근에는 이것을 감각 등록기$^{sensory\ register}$라 부른다.) 즉, 학습자가 외부 정보를 최초로 받아들이고 저장하는 곳이 감각 기억이다.

중다 기억 장치 모형에서는 감각 기억에 들어온 정보는 아주 짧은 시간 동안만 저장된다고 가정한다. 잠시 눈을 감고 오른쪽으로 고개를 돌린 후 다시 눈을 떠서 오른쪽에 무엇이 있는지 바라보고 다시 눈을 감아 보자. 그러면 수많은 정보가 눈을 통해 들어왔다가 곧 사라지는 현상을 경험하게 된다. 하지만 눈을 통해 감각 기억에 들어왔던 모든 정보가 다 사라지는 것은 아니다. 들어온 정보 중에서 어떤 정보들은 기억에 남게 된다. 그렇다면 어떤 정보들이 기억에 남게 될까? 그것은 바로 주의attention를 받은 정보들이다. 주의를 받은 정보는 아마도 내가 의도해서 주의를 주었거나 특별히 주의를 끄는 정보였을 것이다. 이렇게 감각 기억에 들어온 수많은 자극 중 주의를 받은 정보만 남아서 다음 단계로 넘어가 처리된다. 즉, 주의 집중을 함으로써 학습이 시작되는 것이다.

주의를 받지 못한 정보는 처리되지 않는다는 사실을 보여 주는 가장 좋은 예는 무주의 맹시inattentional blindness 현상이다. 일리노이주립대학교 심리학과의 대니얼 사이먼스Daniel Simons 교수는 무주의 맹시 현상을 잘 보여 주는 실험을 했다. 이 실험에서 참가자들은 영상을 보며 흰옷을 입은 사람들이 서로 패스를 몇 번이나 하는지 세야 했다. 하지만 진짜 실험은 공을 돌리는 와중에 고릴라가 지나가는데 참가자들이 그것을 알아차리는지를 보는 것이었다. 초기 실험에서 약 50%의 참가자만이 중간에 고릴라가 지나간다는 것을 알아차렸다. 하지만 이 실험이 너무 유명해져서 이제는 사람들이 이 영상을 볼 때 고릴라를 찾기 시작했다. 당연히 심리학자들은 사람들의 이러한 특성을 이용하였다. 동일한 실험을 하되 영상에서 고릴라가 나타날 때 동시에 몇 가지 변화가 일어나도록 했는데, 이번에는 사람들이 고릴라 말고 이러한 변화를 눈치채는가를 실험한 것이다.[5] 변형된 실험

---

5 — https://www.youtube.com/watch?v=IGQmdoK_ZfY 참조.

영상에서는 고릴라가 나타날 때 배경 커튼의 색이 바뀌며 검은 옷을 입은 사람이 한 명 사라진다. 하지만 사람들은 고릴라에만 집중한 나머지 이러한 변화를 알아차리지 못한다. 최초의 실험과 마찬가지로, 고릴라 영상은 주의를 기울이지 않은 정보는 뇌가 처리하지 못한다는 것을 보여 준다.

이러한 현상이 나타나는 이유는 우리의 주의 용량이 한계가 있기 때문이다. 주의 용량이 무한하다면 들어오는 모든 정보에 주의를 기울일 수 있겠지만, 아쉽게도 우리 뇌는 그렇지 못하다. 따라서 효과적인 학습을 위해서는 불필요한 정보는 무시하고 중요한 정보에 선택적으로 주의를 기울여야 한다. 그러기 위해서는 어떤 정보가 중요하고 어떤 정보가 중요하지 않은지 잘 알아야만 한다는 어려움이 있다. 중요한 정보를 어떻게 구별해 낼 수 있는지에 대해서는 잠시 후에 다시 생각해 보기로 하자.

일단 주의를 받은 정보는 적절한 방식으로 해석되어야 한다. 이렇게 들어온 정보에 의미와 해석을 부여하는 과정을 지각perception이라 한다. 지각 과정에서의 정보 처리는 주관적이어서, 들어온 정보를 자신의 과거 경험이나 지식에 근거하여 해석하게 된다. 예를 들어 각기 다른 언어를 사용하는 다양한 나라에서 태어난 아기들도 처음 내는 소리는 다 비슷하다. 하지만 이 비슷한 소리들을 한국 사람, 미국 사람, 중국 사람은 각기 다르게 듣는다. 아기가 가장 처음 내뱉는 말은 대개 입술을 붙였다 뗄 때 나는 소리인데, 이를 여러 나라 사람들이 엄마, 마마, 맘마, 마망 등 각기 다르게 듣게 된다. 이는 그들의 과거 경험과 지식이 다르기 때문이다. 앞서 이야기한 바와 같이 우리는 정보를 해석하고 조직화하여 의도에 맞게 처리한다. 따라서 들어온 정보에 의미를 부여하는 단계인 지각 과정에서 가장 효과적인 학습 전략은 과거의 경험과 지식을 바탕으로 한 올바른 해석이다.

그러면 주의 과정에서는 중요한 정보에 주의를 기울여야 한다고 하고 지각 과정에서는 올바르게 해석해야 한다고 하는데 과연 어떤 것이 중요한 정보이고 올바른 해석인지 어떻게 알 수 있는가 하는 것이 궁금해질 수밖에 없다. 하지만 아쉽게도 중요한 정보와 올바른 정보가 무엇인지 알 수 있는 쉽고 간편한 방법은 존재하지 않는다. 부단한 연습을 통해 스스로 중요한 정보와 올바른 해석을 찾아야만 한다. 많은 인지심리학자들이 동의하는 학습의 가장 중요한 기본 원칙은 바로 '빈익빈 부익부'이다. 즉, 이미 많이 알고 있는 사람들이 더 쉽게 배운다는 것이다. 학습을 다른 말로 표현하면 새로운 정보를 기존의 지식 체계 속에 추가하는 과정이라 할 수 있다. 기존의 지식 체계가 잘 갖추어져 있을수록 새로운 정보 중 더 중요한 정보를 쉽게 찾고 올바로 해석하여 더 잘 집어넣게 된다. 슬프게도 중요한 정보에 주의를 기울이고 올바로 해석하기 위해 가장 중요한 것은 이미 머릿속에 들어 있는 사전 지식인 것이다.

나는 2002년 월드컵이 끝난 직후에 미국 유학길에 올랐다. 출국하기 전 영어 실력을 조금이라도 더 늘리기 위해 몇 달간 영어 학원을 다니며 집중적으로 공부하려고 했다. 하지만 내 계획은 한국 축구 대표팀의 예상 외의 선전과 거리 응원의 열기로 인해 물거품이 되고 말았다. 2002년 월드컵 기간 동안 영어 공부는 완전히 뒷전이 되었고, 그저 정신없이 응원하며 하루하루를 행복하게 보냈다. 그리고 이후 유학 기간은 내 인생에 가장 힘든 시절이었다. 석 달 만에 거의 10kg 가까이 살이 빠졌으니, 너무나 성공적인 다이어트 기간이었다고 생각할 수도 있겠다.

그렇다고 유학 기간에 오직 공부만 한 것은 아니다. 미국에 간 지 얼마 안 되었을 때 여러 나라 학생들과 함께 풋볼 경기와 여자 축구 경기를 보러 갔다. (미국에서 'football'은 미식축구를 의미하며, 'soccer'가 우리가 생각하는 축구이다.) 먼저 여자 축구 경기를 보는데, 미국 학생들은 오프사이드offside라든가 골키퍼가 공을 손으로 잡을 수 없는 경우 같은 가장 기본적인 경기 규칙조차 알지 못했다. 나와 다른 외국인 학생들이 중간중간 규칙을 설명해 주긴 했지만, 미국인 친구들은 별로 즐거운 기색이 아니었다. 그들은 경기에 집중하지 못했고, 오직 관심을 가진 것은 나와 이탈리아인 학생 사이에 벌어진 언쟁이었다.

언쟁은 2002년 월드컵과 관련한 것이었다. 그때 우리나라는 이탈리아와 16강전에서 만났다. 연장전이 이어졌고, 당시 이탈리아 프로 축구팀에 소속되어 있던 안정환 선수의 골로 우리나라가 승리했다. 나보다 이탈리아 학생이 영어를 더 잘했기 때문에 에콰도르 출신 학생의 중립적인 설명에도 불구하고 결국 미국 학생들은 이탈리아가 편파 판정에 피해를 본 것으로 인식하는 듯싶었다. (역시 길거리 응원보다는 영어 공부를 열심히 했어야 했다!)

그다음 주 미식축구 경기장에서는 정반대 현상이 벌어졌다. 나를 비롯한 모든 외국인 학생들은 미식축구 경기를 보는 것이 처음이어서 도무지 뭘 하고 있는지, 왜 갑자기 좋아하고 싫어하는지 알지 못하여 상당히 지루해했다. 당연히 경기 내용도 거의 기억에 남지 않았다.

이러한 일화는 사전 지식이 새로운 정보를 처리하는 데 얼마나 중요한지 잘 보여 준다. 나에게는 미식축구에 대한 사전 지식이 전혀 없었기 때문에 어디에 주의를 기울여야 할지, 지금 사람들이 왜 박수를 치는지, 점수가 의미하는 바가 무엇인지 이해하기가 어려웠으며, 경기를 다 보고 난 이후에 머릿속에 남는 것이 거의 없었던 것이다. 공부를 할 때도 마찬가지이다. 만약 내가 공부하려는 교과목에 대해 잘 알면 그와 관련된 새로운 지식을 받아들이는 것이 훨씬 수월하지만, 교과목에 대한 사전 지식이 부족하면 새로운 지식을 받아들이는 것이 상당히 어려운 일이 된다. 그렇다고 이미 늦었으니 포기하라는 것은 아니다. 꾸준히 쉬운 내용부터 차근차근 익혀 나가면 점차 지식이 쌓이고, 이것이 지속되다 보면 어느덧 새로운 정보를 받아들이는 것이 그리 어렵지 않게 되었음을 깨닫게 된다.

고등학생인 딸이 온라인으로 강의를 듣고 있을 때 잠시 같이 들은 적이 있다. 지구과학 과목이었는데 온라인으로 강의하는 선생님이 어디에 주의를 두어야 하는지, 어떻게 해석하는 것이 올바른 해석인지 너무나 논리적으로 잘 설명해서 지구과학에 문외한인 나도 쉽게 이해가 될 정도였으며, 심지어는 지구과학에 호기심이 생길 정도였다. 학교나 학원에서 여러 선생님들이 학생들로 하여금 중요한 내용에 주의를 기울일 수 있도록 다양한 방법을 사용하고 있을 것이다.

따라서 학업 장면에서는 어떤 것이 중요한 부분인지 알아차리기가 그다지 어렵지 않다. 만약 수업이 끝난 후 선생님의 첫사랑 이야기만 기억이 난다든지, 지금 이 내용을 읽고 나서 월드컵 관련 일화만 기억이 난다든지 한다면 자신이 중요한 정보에 주의를 기울이지 못하고 잘못된 곳에 주의를 기울이고 있다고 생각하면 된다.

자, 이제 다음에 이야기할 작업 기억에 주의를 기울여 보자.

내 머릿속의 작업장, 작업 기억

앳킨슨과 쉬프린의 중다 기억 모형에서 두 번째 기억 저장소는 단기 기억short-term memory이다. 단기 기억은 이후 앨런 배들리Alan Baddeley에 의해 작업 기억working memory이라는 개념으로 대체된다. 따라서 여기서는 작업 기억의 개념을 바탕으로 설명할 것이다.

감각 기억에 들어온 정보 중 주의를 받고 지각된 정보는 작업 기억으로 들어가서 처리된다. 작업 기억은 정보를 처리하는 중앙 처리장이라 볼 수 있는데, 그 처리 용량과 지속 시간에 제한이 있다. 작업 기억 안에서 정보의 지속 기간은 정보의 종류에 따라 다르며, 대개 몇 초에서 최대 2~3분 정도이다. 작업 기억 안에 정보를 얼마나 오래 간직할 수 있는지 알아보기 위해 간단한 테스트를 해 보자. 우선 길거리에서 간판이나 광고에 적혀 있는 휴대전화 번호 하나를 살펴보라. 그리고 우리나라에서 가장 높은 산 3개의 이름을 떠올려 보라. 다시 아까 봤던 전화번호를 기억하려고 해 보자. 만약 산에 대해 10초 이상 생각했다면 아까 봤던 전화번호는 아마 기억하지 못할 것이다.

작업 기억의 처리 용량을 알아보는 가장 유명한 연구는 조지 밀러George A. Miller가 1956년에 수행한 연구이다. 이 연구에서는 다양한 개수의 숫자를 제시한 후 기억 검사를 하였는데 연구에 참여한 사람들은 대개 7±2개(5~9개) 정도의 숫자를 기억할 수 있었다. 이후에 다른 연구자들도 사람들이 한 번에 몇 개의 숫자를 기억할 수 있는지 반복해서 알아보았는데, 영어권 국가에서는 대개 7개보다 조금 적은 개수의 숫자를 기억할 수 있다고 보고하였다. 하지만 한국의 대학생들을 대상으로 실험해 보면 9개 이상의 숫자도 거뜬히 기억한다. 우리나라 사람들이 다른 나라 사람보다 머리가 좋아서 이런 결과가 나오는 것일까? 그렇지는 않고, 우리의 숫자 체계가 기억에 유리하도록 구성되어 있기 때문이다.

만약 여러분들이 '8094250316'이라는 숫자를 기억해야 한다면 어떤 방식으로 기억하겠는가? 아마도 머릿속으로 반복해서 중얼거리며 외우려 할 것이다. 이때 우리 숫자 체계의 장점이 드러난다. 우리말은 0~9까지의 숫자가 모두 한 글자로 되어 있다. 따라서 같은 시간 동안 훨씬 더 많이 중얼거릴 수 있고, 그 결과 더 잘 기억할 수 있는 것이다. 만약 위의 숫자를 영어로 기억한다고 생각해 보라. 영어가 모국어인 사람일지라도 우리말과 비교해서 훨씬 어려울 것이다.

그렇다면 작업 기억의 지속 시간과 처리 용량은 사람마다 차이가 있을까? 당연히 차이가 있다. 하지만 극히 예외적인 경우를 제외하고는 그 차이가 생각보다 크지 않다. 그렇다면 왜 어떤 사람들은 매우 많은 양의 정보를 기억할 수 있고, 어떤 사람들은 그렇지 못할까?

다음의 정보를 기억하려고 해 보자. 'XIBMYPHDZMTV.' 앞서 말한 일반적인 처리 용량인 7개를 훨씬 넘고 숫자로 되어 있지도 않기 때문에 대부분의 사람들은 이 정보를 기억하기 쉽지 않다고 느낄 것이다. 하지만 이 글자들을 다시 한번 천천히 살펴보면서 의미 있게 묶어 보려고 시도해 보자. 무언가 해결책이 보이는가?

정보를 의미 있는 덩어리로 묶는 것을 의미덩이 짓기^{Chunking}라고 하며, 우리는 이를 통해 작업 기억의 처리 용량과 지속 시간의 한계를 극복할 수 있다. 위 정보의 경우 X-IBM-Y-PHD-Z-MTV로 묶으면 여섯 개의 정보가 되며, IBM-PHD-MTV라는 각 단어 앞에 순서대로 XYZ가 한 개씩 온다고 해석하게 되면 네 개의 정보가 된다. 이렇게 하면 우리의 기억 범위 안에 들어와서 어렵지 않게 기억할 수 있다. 물론 묶는 방법은 각자가 달리할 수도 있다. 이와 같이 정보를 어떻게 조직화하는지에 따라 기억할 수 있는지, 얼마나 기억할 수 있는지 등이 달라진다.

반면 의미 없는 정보는 기억되기가 어렵다. 가끔 공부하다가 도저히 이해가 안 되면 그냥 외우려고 하는 사람들이 있다. 하지만 이해가 안 되는 것을 그냥 외우는 것은 앞의 예에서 글자들을 의미덩이 짓기 하지 않고 그냥 외우려 하는 것과 같다. 즉, 불가능하지는 않지만 상당히 어려운 일이라는 말이다.

프로 바둑 기사들은 남이 둔 바둑을 한 번만 보고도 그 판을 정확하게 다 기억해서 다시 놓을 수 있다고 한다. 그들이 특별히 머리가 좋아서가 아니라 우리한테는 무의미하게 나열되어 있는 듯 보이는 흑과 백의 바둑돌들이 바둑 기사에게는 일련의 규칙에 따라 놓여 있는 것으로 보이기 때문이다. 만약 프로 바둑기사라도 바둑을 전혀 모르는 사람이 바둑판에 무질서하게 나열해 놓은 바둑돌을 보게 된다면 보통 사람들과 마찬가지로 기억을 잘 못할 것이다.

이처럼 새로운 정보를 의미 있게 묶는 것은 매우 중요한데, 가장 효과적인 것은 스스로 정보를 의미 있게 묶는 것이다. 요즘 중고등학교 참고서를 살펴보면 매우 정리가 잘되어 있어 감탄이 절로 나온다. 중요한 내용에 주의를 잘 기울일 수 있도록 되어 있으며, 어떻게 이해해야 하는지, 어떤 정보들이 서로 연관되어 있는지 매우 구체적으로 설명되어 있다. 하지만 모두 잘 알다시피 같은 참고서를 가지고 공부한다고 모두 같은 성적을 받는 것은 아니다. 아무리 잘 만들어진 참고서라도 내가 직접 만든 것이 아니면 내 머릿속 지식과 적절하게 연결되지 않는 경우가 발생한다. 따라서 참고서 내용을 내 머릿속 지식 체계에 맞게 정리하는 것이 필수적이다. 그렇다고 참고서를 다시 만들 필요는 없다. 스스로 이해가 잘 안 되는 부분, 보다 심도 깊게 파악해야 하는 부분, 이미 잘 알고 있는 부분들을 참고서에 추가하거나 표시하기만 해도 훌륭한 나만의 참고서가 된다.

망각, 신의 축복인가 저주인가?

시험 볼 때 가장 안타까운 순간은 분명히 공부할 때 본 내용이 문제로 나왔는데 막상 답을 쓰려니 기억이 안 날 때일 것이다. 이런 일을 몇 번 겪다 보면 '한 번 본 것을 영원히 기억할 수 있다면 얼마나 좋을까?'라는 생각이 들기도 한다. 하지만 "기억은 신의 선물이지만 망각은 신의 축복이다."라는 말이 있다. 모든 것을 기억할 수 있다면 무척 좋을 것 같지만 실은 매우 고통스러운 일일 것이다. 지난 모든 학기의 수업 시간표를 다 기억하고 있다면 얼마나 헷갈리겠는가? 또 내 주변 사람들이 나에게 섭섭하게 했던 사소한 일들을 하나도 빠짐없이 기억한다면 얼마나 고통스러울까?

시험에 관한 이야기로 돌아가기 전에 망각에 대해 좀 더 이야기해 보자. 첫사랑은 어떻게 하면 잊을 수 있을까? 누군가는 아예 첫사랑을 안 하면 잊을 필요도 없다고 한다. 하지만 그것은 못 해 본 사람의 변명일 뿐이다. 남들이 하는 것은 다 해 보는 게 좋다. 그것이 가슴 아픈 첫사랑일지라도 말이다. 첫사랑을 잊는 방법은 두 가지가 있다. 하나는 시간을 보내는 것이다. 시간이 가면 첫사랑도 저절로 잊혀진다. 아무리 절절하고 가슴 아픈 첫사랑일지라도 30년쯤 지나면 상대방 이름도 가물가물해질 것이다. 하지만 이것은 지나치게 오래 걸리기 때문에 그리 바람직한 방법은 아니다. 첫사랑을 잊는 더 나은 방법은 또 다른 사랑을 만나는 것이다. 다른 사람을 만나다 보면 점차 첫사랑과의 기억이 새로운 기억들로 대체된다.

첫사랑의 예에서 알 수 있듯이 망각의 두 가지 주요한 원인은 소멸decay과 간섭interference이다. 독일의 심리학자 헤르만 에빙하우스Hermann Ebbinghause는 인지심리학에서 가장 유명한 그래프 중 하나인 망각 곡선(forgetting curve: 실제로는 보유 곡선retention curve이다.)을 제시하였다. 그는 무의미한 철자들을 완전히 외운 다음 시간이 얼마나 지나면 그것을 잊어버리는지 연구하였다. 놀랍게도(어쩌면 당연하게도) 다 외운 후 불과 20분도 안 되어 40% 정도가 기억에서 사라졌으며, 한 시간이 지나자 40% 정도만 기억에 남게 되었다. 이후에도 계속 망각이 일어나서 외운 지 2일이 지났을 때는 30%도 안 되는 정보만 기억에 남게 되었다. 다행히 2일 이후에도 남은 기억들은 대체로 오랫동안 유지되었다.

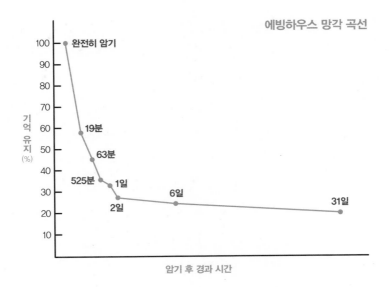

학창 시절 누구나 한 번쯤 나만 영어 단어가 잘 안 외워지는 것 같다고 생각해 봤을 것이다. 하지만 그건 사실이 아니다. 설명한 바와 같이 망각은 모든 사람에게 공통적으로, 상당히 빠르고 강력하게 일어난다. 에빙하우스의 연구는 망각의 주요한 원인 중 소멸이 일어나는 양상을 잘 보여 주는 사례이다. 하지만 실제로 망각에 훨씬 더 강력하게 영향을 미치는 요인은 소멸이 아니라 간섭이다. 간섭에는 두 가지 유형이 있는데 하나는 순행성 간섭proactive interference이고 다른 하나는 역행성 간섭retroactive interference이다. 순행성 간섭은 첫사랑과의 추억이 새로 만난 사람과의 기억을 방해하는 것이며 역행성 간섭은 새로 만난 사람과의 기억이 첫사랑과의 추억을 떠올리는 일을 방해하는 것이다. 시험공부를 예로 들어 보자면, 이전에 공부했던 내용 때문에 지금 공부가 방해받는 것이 순행성 간섭이고 지금 공부하는 내용이 이전에 공부했던 내용을 잊어버리게 만드는 것이 역행성 간섭이다.

　자연적으로 기억이 감소하는 것을 방지하는 것은 공상과학 영화에서나 가능한 일이다. 하지만 순행성 간섭과 역행성 간섭을 줄일 수 있는 방법은 몇 가지 있다. 가장 좋은 방법은 간섭이 아예 일어나지 않게 하는 것이다. 첫사랑의 예를 다시 적용하면 첫사랑과 영원한 사랑에 빠지면 역행성 간섭이나 순행성 간섭이 모두 일어나지 않는다. 하지만 이건 거의 불가능한 시나리오가 아닐까?

　공부의 경우에는 순행성 간섭을 줄이는 몇 가지 방법이 제안되었다. 그중 하나는 지난 내용은 잊어버려도 된다고 스스로에게 말해 주는 것이다. 신기하게도 잊어버려도 된다고 생각하는 순간 실제로 잊어버리기 시작하여 새로운 지식이 들어오는 것을 방해하는 정도가 줄어든다. 비슷하지만 또 다른 방법은 이전 지식에 대해 시험을 보는 것이다. 그러면 지난 지식은 이제 필요 없는 지식이니 잊어버려도 된다고 생각하게 되어 마치 스스로에게 잊어버려도 된다고 말하는 것과 똑같은 효과가 나게 된다.[6] 실제로 이 방법은 많은 사람들이 의식적으로든 무의식적으로든 자주 활용하는 방법이다. 그러므로 시험 기간에 이미 시험 본 과목에 대해서는 생각하지 않는 것이 좋다!

　반면 역행성 간섭을 줄이는 것은 상당히 어렵다. 역행성 간섭은 새로 익힌 지식이 기존의 지식과 유사할 때 가장 많이 나타나지만, 그렇지 않더라도 역행성 간섭이 상당히 나타난다. 만약 시험공부를 열심히 하다가 잠깐 인터넷 검색만 하더라도 나중에 그 검색한 내용이 공부한 내용의 기억을 방해하게 된다.

최고의 시험 대비 방법은 무얼까?

　어떻게 하면 이러한 소멸과 간섭을 극복할 수 있을까? 과연 소멸과 간섭을 극복할 수 있는 공부법이 있기는 할까? 인지심리학자들이 제안하는 가장 효과적인 방법은 잊기 전에 계속 복습하여 기억을 유

---

6 — Bäuml, K.-H. T., & Kliegl, O. (2013). The critical role of retrieval processes in release from proactive interference. Journal of Memory and Language, 68(1), 39-53.

지하라는 것이다. 이것은 모든 인지심리학자들이 동의하는 가장 올바른 방법이다. 하지만 너무나 힘든 방법이기도 하다. 마늘과 쑥을 먹으며 동굴에서 버티는 것은 아무나 할 수 있는 일이 아니라는 것을 우리는 너무나 잘 알고 있다.

그렇다고 아직 실망할 필요는 없다. 최선은 아니지만 차선의 방법이 있다. 열심히 공부하고, 시간이 많이 가기 전에(소멸을 최소화) 그리고 새로운 정보가 들어오기 전에(역행성 간섭을 최소화) 시험을 보는 것이다. 하지만 안타깝게도 시험 시간은 우리가 마음대로 정할 수 없다. 그러면 어떻게 소멸과 간섭이 일어나기 전에 시험을 볼 수 있을까? 그것은 바로 '벼락치기'를 하는 것이다. 흔히 벼락치기 공부는 미리미리 공부를 해 두지 않아서 하는 것이라고 생각한다. 물론 그런 측면도 있겠지만, 사실 벼락치기 공부는 소멸과 간섭을 극복하고 기억을 유지할 수 있게 하는 가장 효과적인 시험 대비 방법이다.

그런데 의외로 벼락치기를 제대로 하고 있는 사람은 많지 않다. 벼락치기를 잘하기 위해서는 무엇보다도 벼락치기를 하기 전에 미리 모든 내용을 살펴보고 잘 이해해 놓는 것이 중요하다. 앞서 설명한 바와 같이 잘 이해한 내용은 나중에 기억이 잘 나고, 이해가 되지 않은 내용은 잘 기억되지 않는다. 따라서 시험 기간이 되기 전에 충분히 공부하여 내용을 이해하려고 노력해야 한다.

일단 이해가 되었으면 시험 기간이 되었을 때 본격적인 벼락치기를 해야 한다. 앞서 말한 것처럼 망각의 두 원인은 소멸과 간섭이다. 먼저 소멸에 대해 생각해 본다면, 시간이 감에 따라 소멸이 일어나고 심지어 잠을 자고 있는 동안에도 소멸은 어느 정도 일어나므로 시험 당일 새벽에 일어나서 공부하는 것이 소멸을 방지하는 가장 좋은 방법이다. 하지만 이 방법은 상당한 위험 요소가 있다. 평소 자신의 생활 스케줄과 맞지 않아 컨디션이 엉망이 되어 오히려 더 안 좋은 효과를 낼 수도 있고, 생각처럼 일찍 일어나지 못해 공부를 다 못 하고 시험을 보러 가야 할 수도 있기 때문이다. 따라서 이 방법은 새벽에 일어나는 데 아무런 어려움이 없는 극소수의 사람들을 제외하고 대다수의 사람들에게는 권장할 만하지 않다. 대신 전날 공부를 다 하고 늘 일어나던 시간에 일어나거나 조금 먼저 일어나서 헷갈릴 만한 내용만 다시 한번 훑어보는 것이 더 좋다.

망각에 보다 큰 영향을 미치는 요인인 간섭을 방지하려면 시험 기간에는 시험과 관련된 내용에만 집중해야 한다. 앞서 말한 대로 잠깐의 딴짓으로도 상당한 수준의 간섭이 일어난다. 물론 시험 기간만 되면 평소에는 전혀 관심 없던 온갖 일들에 흥미가 생기고 관심이 간다는 것을 잘 알고 있다. 하지만 그런 식의 흥미와 관심은 벼락치기의 가장 큰 적이다. 시험 전날에는 텔레비전도, 인터넷도, 친구도 멀리하고 오직 시험공부만 하는 것이 바로 성공적인 벼락치기를 위한 비결이다. 물론 수능 시험과 같이 공부해야 할 범위가 엄청나게 넓은 시험의 경우에는 벼락치기가 어렵다. 하지만 범위가 일정 정도로 정해져 있는 중간고사나 기말고사 시험의 경우에는 올바른 방법으로 하는 벼락치기가 매우 좋은 전략이 된다. 이제 벼락치기도 생각보다 쉽지 않고 상당한 노력이 필요하다는 것을 알았을 것이다.

학습과 관련하여 인지심리학에서 제안하는 효과적인 학습 방법을 하나 더 소개하고자 한다. 최근 많은 연구자들이 학습 중간중간에 내용을 잘 기억하고 있는지 시험해 보는 것이 이후의 기억에 도움이 된다는 시험 효과testing effect를 지지하는 연구 결과를 보고하고 있다. 여러 번 반복해서 공부하는 것보다 한 번 공부하고 여러 번 반복해서 시험을 보는 것이 효과적이라는 연구 결과도 있으며,[7] 심지어는 전혀 공부를 안 한 상태에서 문제를 먼저 풀어 보고 이후 공부를 하는 것이 효과적이라는 결과도 있다.

시험공부를 할 때 반복해서 학습하는 것은 바로 직후에 시험을 볼 때 효과적이고, 반복해서 시험을 보는 것은 1주일 뒤에 시험을 볼 때 더욱 효과적이다. 즉, 벼락치기 할 때는 반복 학습이 효과적이지만, 평소 공부할 때는 문제를 자꾸 풀어 보는 것이 효과적이라고 할 수 있다. 왜 이러한 결과가 나오는지는 분명하다. 어떤 것을 떠올리려는 노력을 많이 하면 할수록 그에 대한 기억이 오래간다는 결과를 많은 연구들이 지속적으로 보고하고 있다.[8] 문제 풀이를 통해 내 머릿속에 들어 있는 정보를 찾아보고 떠올리려고 노력하는 것이 결국 내 머릿속 기억을 더욱 분명하게 만들어 나중에 그것을 더 잘 기억하게 한다는 것이다. 따라서 문제를 스스로 풀려는 노력 없이 숙제를 빨리

---

7 — Roediger, H. L. III, & Karpicke, J. D. (2006). Test-enhanced learning: Taking memory tests improves long-term retention. Psychological Science, 17(3), 249-255.

8 — Bjork, R. A., & Bjork, E. L. (1992). A new theory of disuse and an old theory of stimulus fluctuation. In A. F. Healy, S. M. Kosslyn, & R. M. Shiffrin (Eds.), From learning processes to cognitive processes 35-67.

하기 위해 답지를 보고 받아 적는 것은 전혀 공부에 도움이 되지 않는다.

내 머릿속의 도서관, 장기 기억

앳킨슨과 쉬프린의 중다 기억 모형의 마지막 기억 저장소는 장기 기억long-term memory이다. 앞서 설명한 작업 기억을 책상과 같은 작업 공간이라고 생각한다면, 장기 기억은 수많은 정보가 있는 머릿속 도서관이라고 볼 수 있다. 정보 처리 모형에 따르면 우리는 작업 기억에서 처리한 수많은 정보를 장기 기억으로 보내며, 장기 기억 속 정보 중 필요한 것을 작업 기억으로 불러와 처리한다. 감각 기억에서 작업 기억으로 정보가 넘어가는 것은 주의를 통해 자동적으로 일어나지만, 작업 기억에서 장기 기억으로 정보를 보내거나 장기 기억의 정보를 꺼내서 작업 기억으로 보내는 데에는 의식적인 노력이 필요하다.

작업 기억에서 처리한 정보를 장기 기억으로 이동시키는 과정을 부호화encoding라 한다. 즉, 부호화는 책상에서 작업한 정보를 머릿속 도서관으로 옮기는 과정이다. 2015년에 나온 디즈니 애니메이션 〈인사이드 아웃Inside Out〉이라는 영화가 있다. 인지심리학자의 관점에서 보면 기억과 정서와 관련된 다양한 인지심리학적 정보가 비교적 정확하게 담겨 있는 영화라 무척 반가웠다. 영화에서는 주인공이 자고 있는 사이 기억들이 내용별로 차곡차곡 분류되어 정리되고, 또 오랫동안 사용되지 않은 기억들은 머릿속 저장소에서 하나씩 사라진다. 물론 엄격한 이론적 관점으로 보면 올바른 묘사는 아니지만, 장기 기억이 무엇인지를 알기 쉽게 잘 표현하고 있다.

작업 기억에서 장기 기억으로 정보를 이동시키는 과정 중에는 조직화와 정교화가 중요하다. 특히 새로운 정보를 조직화할 때는 그 정보를 기존의 지식 체계 안에 잘 집어넣는 것이 중요하다. 공부와 관련해서는 내용이 잘 정리되어 있는 참고서를 활용해 나만의 방법으로 재조직화하는 것이 가장 효율적인 방법일 것이다. 또, 정교화를 위해서는 들어오는 정보를 의미 중심으로 처리하는 것이 중요하다. 다시 한번 강조하지만 이해되지 않은 정보는 곧 기억에서 사라지게 된다.

하지만 어떤 정보들은 조직화와 정교화만으로 부호화시키기 어렵다. 이때는 기억술을 사용하는 것이 효과적이다. 예를 들어 주기율표를 외워야 한다고 생각해 보라. 주기율표가 원소의 특성 등에 따라 다양한 방법으로 조직화되어 있긴 하지만 이를 외우는 것은 쉽지 않다. 내가 학교에 다닐 때 선생님은 '수헬리베붕탄질산……' 이런 식으로 외우라고 알려 주셨다. 역사 시간에도 마찬가지이다. 조선 시대 10대 왕이 누군지 아는가? 다들 머릿속으로 '태정태세……'를 중얼거릴 것이다. 화학과 역사를 배운 지 30년이 넘게 지났지만 아직도 이런 것들을 기억하는 걸 보면 기억술이 얼마나 효과적인지 알 수 있다. 하지만 이 방법(일반적으로 '첫 글자 대입법'이라고 한다.)은 단지 많은 정보를 축약시키는 방법일 뿐 기억을 더 정교하게 만드는 방법은 아니다. 내 경우 '수헬리베붕탄질산……'에서 '리'와 '베'가 어떤 원소의 약자

인지는 전혀 기억이 나지 않는다.

반면 장기 기억 속의 정보를 작업 기억으로 불러서 다시 이용할 수 있는 상태가 되게 하는 것을 인출^{retrieval}이라 한다. 인출 과정을 가장 잘 체험할 기회는 시험이다. 시험 문제를 보고 머릿속에 있는 적절한 정보를 찾아 답을 적는 과정이 바로 인출 과정이다. 시험을 생각해 보면 인출 성공과 인출 실패란 무엇인지 쉽게 알 수 있다. 인출 성공은 공부한 내용을 떠올려 답을 적은 것이고, 인출 실패는 공부는 했으나 그 내용을 떠올리지 못하여 답을 쓰지 못하는 것이다. 여기서 인출 실패는 아예 공부를 안 해서 답을 몰라 못 적은 것과는 다르다. 아마도 시험 볼 때 가장 안타까운 순간은 생각이 날 듯 말 듯하다가 결국은 답을 못 적고 나와서 친구에게 답이 무엇인지 물었는데 첫 글자를 듣자마자 답이 떠오르는 상황일 것이다. 이런 상황이 바로 인출 실패, 즉 머릿속에 정보는 있는데 꺼내지 못한 것이다.

그렇다면 무엇이 인출의 성공과 실패를 결정할까? 뻔한 말인 듯하지만 인출의 성공과 실패는 바로 정보의 이용 가능성과 접근성에 달려 있다. 효과적인 인출을 위해서는 정보를 잘 떠올릴 수 있도록 다양하고 적절한 인출 단서를 만들어야 한다. 이는 기억해야 할 항목들 사이에 다양한 연결들, 즉 의미망^{semantic network}을 만들어 그 정보를 더 풍부하게 만들고 인출 통로를 다양화시켜야 한다는 뜻이다.

어떤 사람을 처음 만났는데 그의 이름이 '김정선'이라는 사실을 기억하기로 했다고 가정해 보자. 이름을 기억하는 가장 효과적인 방법은 그 사람을 누가 소개시켜 주었고 어디에서 만났는지, 어떤 대화를 나누었는지와 같은 다양한 정보를 같이 묶어서 기억하는 것이다. '옆방 교수님이 소개시켜 주었고, 도서관 앞에서 만나 서로 좋아하는 커피 이야기를 나눈 김정선 씨'와 같은 식으로 말이다. 이러한 정보는 이후에 인출 단서로 작용하여 그 사람의 이름을 기억하는 것을 돕는다. 시험공부를 할 때도 마찬가지이다. 어떤 내용을 단편적으로 기억하려 하기보다는 다른 다양한 정보와 연결시켜 기억하면 이후 연결된 정보들이 인출 단서로 작용하게 된다.

또, 상대적으로 많은 양의 정보를 저장해야 할 때는 각 정보를 위계적으로 체계화하는 것이 중요하다. 큰 제목을 만들고, 그 밑에 소제목을 달고, 그 밑에 더 작은 제목을 다는 것과 같이 새로 들어오는 정보를 체계화하여 지금 머릿속에 있는 정보와 연결시키는 것은 향후 인출 시에 머릿속 기억을 탐색하는 순서를 제공하고 보다 구조화된 방식으로 기억을 탐색해 나갈 수 있게 한다. 인출 연습을 하는 것도 잊지 말아야 한다. 스스로 문제를 내 보고 풀어 보는 방식이 가장 효과적이지만 그것이 어렵다면 문제집을 풀어 보는 것도 도움이 된다. 앞서 설명한 시험 효과는 인출 연습의 영향도 있다. 문제를 자주 풀다 보면 머릿속 정보를 꺼내는 연습이 되고, 그 결과 더 잘 떠올리게 된다.

지금까지 인지심리학의 가장 전통적인 관점인 정보처리 관점에 기반한 중다 기억 장치 모형을 바탕으로 학습의 원리에 대해 소개하였다. 효과적인 학습을 위해서는 중요한 정보에 선택적으로 주의를 기울일 수 있어야 한다. 그리고 기존의 지식과 경험을 바탕으로 올바르게 해석해야 하며 의미덩이 짓기와 적절한 기억술 사용을 바탕으로 효율적으로 정보를 처리해야 한다. 또한 정보를 유의미한 범주로 조직화하여 체계적으로 저장하며, 적절하고 다양한 인출 단서를 많이 만들어야 한다. 여기에 한 가지를 덧붙인다면, 내가 충분히 공부하여 시험 준비가 잘 되었는지 아니면 아직도 부족한 부분이 있는지를 잘 판단할 수 있어야 한다.

간혹 시험공부를 충분히 다 했고 내용도 잘 이해했다고 생각했는데 막상 시험지를 보니 공부가 덜 되어 있다는 사실을 깨닫고 좌절했던 경험이 있을 것이다. 이것은 실제로 내가 잘 알지 못하는데 잘 안다고 착각했기 때문이다. 이와 같이 내가 공부를 충분히 했는지, 내가 지금 얼마나 잘 알고 있는지 스스로 잘 판단할 수 있는 능력을 메타인지meta-cognition라고 한다. 예전에 한 방송사에서 최상위권 학생들과 그렇지 않은 학생들의 차이가 가장 두드러지는 부분이 바로 이 메타인지라는 것을 보여 주는 실험을 한 적이 있다. 최상위권 학생들은 자신이 무엇을 알고 무엇을 모르는지 정확히 판단하고 있어서 추가적인 학습이 필요한 부분에 시간과 노력을 효율적으로 기울일 수 있다는 것이다.

그렇다면 어떻게 하면 내가 아는 것과 모르는 것을 정확하게 파악할 수 있을까? 가장 좋은 방법은 스스로나 다른 사람에게 내 지식을 설명해 보는 것이다. 마치 선생님이 수업을 하듯이 내 자신에게 가르쳐 보면 내가 그 내용을 정확하게 아는지 확인할 수 있다. 내가 잘 알고 있는 것이 분명하다고 생각하는 내용이라 할지라도 막상 가르치려고 하면 막히는 부분이 생긴다. 이 부분이 바로 내가 추가적으로 살펴봐야 하는 부분이다.

스스로나 남에게 설명해 보는 것은 앞서 말한 인출 연습으로도 더할 나위 없이 좋은 방법이다. 따라서 누군가 나에게 질문을 해 오면 귀찮아하지 말고 친절하게 설명해 주도록 하자. 또, 주의할 것은 친숙함의 함정에 빠지지 말아야 한다는 것이다. 어떤 것이 친숙하게 느껴지면 그것을 안다고 착각하는 경향이 크다. 친숙하다는 생각이 들더라도 내가 진짜로 아는지 모르는지를 파악하기 위해서 스스로에게 설명해 보도록 하자. 의외로 친숙하지만 내가 잘 모르고 있는 것이 매우 많다는 사실을 알게 될 것이다. 물론 모르고 있다는 사실조차 모르면 학습이 시작되지도 못한다.

《논어》에 있는 말로 이 장을 끝맺고자 한다.

知之爲知之 不知爲不知 是知也(지지위지지 부지위부지 시지야)

"아는 것을 안다고 하고 모르는 것을 모른다고 하는 것, 그것이 곧 앎이다."

3장

기억:
그 다양한 구조

    지금부터는 우리 머릿속 도서관이 어떻게 생겼는지 보다 자세히 알아보기로 하자. 앞서 영화 〈인사이드 아웃〉의 예와 같이, 우리가 처리한 정보들은 머릿속에서 잘 분류되어 저장된다고 하였다. 그렇다면 정보는 어떻게 분류되어 저장되어 있을까?

    여러 연구들을 통해 장기 기억이 하나로 되어 있는 것이 아니라 다양하게 구분된다는 사실이 밝혀졌다. 장기 기억은 가장 크게 사실에 대한 지식을 담고 있는 서술 기억declarative memory과, 행위와 기술에 관한 지식을 담고 있는 절차 기억procedural memory으로 구분된다. 서술 기억은 다시 우리나라에서 제일 높은 산은 무엇인지, 박쥐가 새인지 아닌지와 같은 지식을 담고 있는 의미 기억semantic memory과 어제저녁 무엇을 먹었는지, 지난 주말에 무엇을 했는지와 같은 개인적 경험에 관한 지식을 담고 있는 일화 기억^{episodic memory}으로 구분된다.

하지만 때로는 이러한 구분이 분명하지 않고 일화 기억이 의미 기억으로 변화하기도 하고, 의미 기억에 일화 기억이 추가되기도 한다. 예를 들어 중학교 생물 시간에 박쥐에 대해 배웠는데, 나중에는 언제, 누구한테 배웠는지와 같은 일화적 정보는 사라지고 박쥐가 새가 아니라는 의미 기억만 남게 되는 것이다. 반대로 제주도에 여행 갔던 일화가 화산과 분화구에 관한 의미 기억에 새로운 지식을 추가할 수도 있다. 또, 어떤 일화 기억(입학, 취업, 결혼 등과 관련된 기억)은 상당히 중요해서 그 사람의 인생사와 관련이 깊은데, 이러한 기억을 자서전적 기억^{autobiographical memory}이라고 따로 분류하기도 한다.

의미 기억과 일화 기억은 모두 사실에 대한 지식을 담고 있어서 내가 떠올리려고 하면 선명하게 떠올릴 수 있지만, 절차 기억은 분명히 우리 머릿속에 있는데도 쉽게 표현되지 않는다. 절차 기억의 가장 전형적인 예는 자전거 타기, 피아노 치기, 자동차 운전하기와 같은 것들이다. 자전거 타는 법을 떠올려서 설명하려고 해 보자. "자전거에 앉아서 핸들을 똑바로 한 채 중심을 잡고 천천히, 하지만 힘차게 페달을 굴리면 된다." 정도 외에 더 이상의 설명을 하기는 힘들다. 피아노 치는 것과 자동차 운전은 설명하기가 더 어렵다. 하지만 자전거 타는 법, 자동차 운전하는 법, 피아노 치는 법을 배운 사람들은 오랜 시간 동안 하지 않다가 다시 시도했을 때, 비록 처음에는 서툴 수도 있지만 점차 익숙해져서 예전의 실력이 돌아오는 것을 느낄 수 있다. 머릿속 어딘가에 들어 있던 절차 기억이 활성화되어 나타나는 것이다.

　기억은 또한 내가 어떤 것을 기억하고 있다는 것을 스스로 알고 있는 외현 기억explicit memory과 내가 인식하지는 못하지만 무언가 학습이 되어 그것이 나에게 영향을 미치게 되는 암묵 기억implicit memory으로 구분할 수도 있다. 앞서 설명한 모든 기억들은 외현 기억의 일종이다. 암묵 기억의 예로는, 봤는지 기억하지도 못하는 정보가 나의 행동에 영향을 미치는 것을 들 수 있다. 영화를 상영하는 중에 관객이 인식하지 못할 정도로 짧게 콜라 광고를 보여 주면 영화가 끝난 뒤 콜라를 찾는 사람들이 많다는 연구 결과에 대해 들어 본 사람도 있을 것이다. 이 연구는 한때 사람들의 주목을 받으며 암묵기억을 설명하는 좋은 예로 소개되었다. 하지만 이는 사실이 아니다. 다른 연구자들이 비슷한 주제로 연구를 진행하였는데 동일한 결과를 얻기가 어려웠다. 이 실험의 연구자도 나중에 연구 결과가 사실이 아니라고 고백했다. 그렇다고 해서 암묵기억이 행동에 영향을 주지 않는다고 말하려는 것은 아니다. 암묵기억은 분명 행동에 영향을 끼친다. 하지만 그 효과가 그렇게 드라마틱하지는 않다. 또한 연구자들은 절차 기억과 암묵 기억이 모두 표현하기 힘든 기억이라는 점을 고려하여 이 두 가지 기억을 비서술 기억non-declarative memory이라 부르기도 한다.

　이제 이렇게 기억이 다양하게 구분될 수 있다는 사실을 밝히는 데 매우 큰 공헌을 한 사람에 대해 알아보자.

영원히 기억될 기억상실 환자, H. M.

인간의 머릿속 기억 구조에 관한 연구에 가장 큰 공헌을 한 사람은 헨리 몰레이슨Henry Molaison일 것이다. 대단한 학자인가 싶겠지만 사실 이 사람은 죽기 전까지 H. M.이라 불린 기억상실증 환자였다. 연구자들은 일반적으로 환자들의 인권 보호를 위해 그 사람이 죽기 전까지는 얼굴과 본명을 공개하지 않으며, 그가 죽고 나서 유족들의 허락이 있을 때 비로소 본명을 공개한다. 따라서 나도 인지심리학 교과서에서 수없이 많이 보았던 H. M.의 이름을 2008년 그가 사망한 이후에야 알게 되었다. 그가 사망한 날 미국 주요 뉴스에서 상당한 비중을 두고 이 사람이 인간의 뇌의 작용과 인지에 대해 얼마나 많은 기여를 했는지 다루는 것을 보고 무척이나 드물게, 미국이 선진 국이라고 느꼈던 것이 생각난다. 그날 몇몇 친구들과 그를 위한 추모의 잔을 들었다. 그의 뇌는 연구를 위해 기증되었으며, 현재 the brain observatory 사이트에서 영상으로 볼 수 있다.[9]

H. M.(이제 본명을 안다고 하더라도 편의상 H. M.이라 부르기로 하자.)은 1926년에 태어났는데 어린 시절부터 심한 간질 발작 증세를 겪었다. 간질 발작이 심해지자 이를 완화하기 위해 그는 1953년 대뇌반구 양쪽 측두엽의 일부를 절제하는 수술을 받았다. 공교롭게도 이 수술에서 제거된 부위가 훗날 기억에 매우 중요한 역할을 한다고 알려진 해

---

9 — thebrainobservatory.org

마와 편도체, 그리고 그 주변 측두엽이었다. 이 시기에는 뇌의 작용에 대한 이해가 매우 낮아 이런 처치가 종종 있었다. 의학 기술의 발달과 H. M.의 희생 덕분에 지금은 간질 발작 치료를 위해 이런 무자비한 방식의 처치는 하지 않는다.

H. M.은 수술 후에도 이전과 마찬가지의 지능지수를 유지하였으며, 사물을 보고, 이해하고, 물건을 집고, 대화를 하고, 책을 읽는 등 일상생활을 충분히 할 수 있었다. 하지만 수술 후 새로 무언가를 배우고 그 배운 것을 머릿속에 담아 두는 능력에 심각한 결함이 생기고 말았다. 어제저녁 무엇을 했는지 기억하지 못하는 정도가 아니라 방금 만난 사람이 누구인지 기억하지 못했으며, 심지어는 누구를 만났었다는 사실조차 기억하지 못했다. 수술 이후에 그의 삶은 짧은 단편극과 같았고, 82세의 나이로 죽기 전까지 그는 언제나 1953년 수술 직후의 현재를 살았다.

하지만 아이러니하게도 이러한 H. M.의 비극은 연구자들에게는 더할 나위 없는 행운이 되었다. 그는 죽기 전까지 셀 수 없을 만큼 다양한 실험에 참여했다. 하지만 본인이 실험에 참여했다는 사실을 금방 잊어버렸기 때문에 반복적인 실험에도 결코 지루해하는 법이 없었다. 심리학 실험이 재미있을 것이라 생각하는 사람이 많은데, 처음 몇 번은 재미있을지 몰라도 비슷한 실험을 평생 계속해야 한다면 나중에는 고문처럼 느껴질 것이다. 하지만 H. M.은 실험에 참여했다는 사실을 전혀 기억하지 못했기 때문에 언제나 모든 실험에 처음 참여하는 것처럼 흥미를 가지고 임했다. 그 덕분에 수많은 학자들이 H.

M.을 대상으로 연구를 진행할 수 있었고, 그의 사례는 인간의 기억과 학습 과정에 대한 무수히 많은 결정적인 정보들을 제공하였다.

　H. M.의 유년기 기억과 학창 시절 기억 등 수술 전 시기의 기억은 문제가 없었다. 하지만 H. M.은 수술 후에 자신에게 일어난 새로운 일에 대해 전혀 기억하거나 학습하지 못했다. 수술 후에도 그는 이전부터 알고 있던 자신의 가족들은 알아볼 수 있었으나, 수술 이후 지속적으로 자신의 치료를 담당한 의사와 간호사를 알아보지 못했다. 심지어 그는 나이를 먹어 가면서 변화하는 자신의 얼굴을 볼 때도 상당히 놀라곤 했다. 자신이 20대 청년이라고 생각하고 있는데 웬 중년 남성이 거울 앞에 서 있으니 얼마나 놀라겠는가.

　이러한 사실에서 우리는 다양한 사실을 유추해 낼 수 있다. 앞서 인지 정보 처리 모형을 소개하면서 우리의 기억 체계가 작업 기억과 장기 기억으로 구분되며 작업 기억에서 처리한 정보를 장기 기억으로 보낸다고 했다. H. M.의 사례는 이와 같은 정보 처리 모형에 직접적인 증거를 제공한다. 그의 장기 기억 속에 있는 기억은 온전하였다. 하지만 그는 새로운 것을 장기 기억으로 보내 저장할 수가 없었다. 이러한 사실에서 우리는 그의 뇌에서 수술로 제거된 부위가 바로 작업 기억에서 처리한 정보를 장기 기억으로 보내 저장하게 하는 데 결정적인 역할을 하는 영역이라는 것을 알 수 있었다.

　H. M.은 우리의 기억이 하나의 체계가 아니고 여러 개로 구분되며 각 처리 과정에는 다른 뇌 영역이 관여한다는 또 다른 증거들도 여러 가지 제시하였다. 사실 H. M.이 모든 새로운 정보를 다 기억하

지 못했던 것은 아니다. H. M.이 나이를 먹어 감에 따라 그의 아버지도 늙게 되었고, 마침내 돌아가시게 되었다. 하지만 H. M.은 그 사실을 전혀 기억하지 못해서 아버지의 안부에 대해서 반복적으로 물었고, 매번 사망 소식을 듣고 매우 상심하였다. 하지만 시간이 지나자 어느 순간부터 그는 아버지에 대한 질문을 하지 않게 되었다. 그렇다고 아버지가 돌아가셨다는 사실을 기억하게 된 것은 아니었다. (잔인한) 연구자들이 H. M.에게 아버지에 대해 물으면 그는 아버지는 어디 계시느냐고 묻고, 사망하였다는 사실에 또다시 상심하였다. 즉, 어떤 사실을 기억하지는 못하지만 무언가 머릿속에 들어간 것처럼 보였다.

내가 좋아하는 배우 중 한 명인 아담 샌들러가 주연한 〈첫 키스만 50번째〉라는 영화가 있다. 아담 샌들러의 상대역인 드류 베리모어가 어느 날 교통사고로 H. M.의 증상과 유사한 기억상실증에 걸린다. 영화의 이야기가 전개되려면 실제 H. M.처럼 방금 전의 것을 기억하지 못해서는 곤란하다. 따라서 영화에서는 하룻밤을 자고 나면 기억을 잊게 되는 것으로 설정되었다. 즉, H. M.은 매 순간을 새롭게 살았던 반면 드류 베리모어는 매일을 새롭게 사는 것이다.

이 영화에서 중요한 점은 여주인공이 하루밖에 기억하지 못하기 때문에 자고 일어나면 남주인공을 만났다는 사실을 잊게 된다는 것이다. 여느 로맨틱 영화에서처럼 이 영화에서도 두 주인공이 잠시 헤어지게 되는데, 여주인공은 누군가를 만나서 사랑에 빠졌던 사실을 전혀 기억하지 못하기 때문에 이별 후에도 힘들어하지 않는다. 하지만 그녀는 한 번도 본 적 없다고 생각되는 누군가의 얼굴을 꿈속에서 계속 떠올렸고, 그 얼굴을 그림에 담게 된다. 당연히 그 얼굴은 아담 샌들러의 얼굴이었다. 마치 H. M.처럼 그녀도 인식하지는 못하지만 무언가가 기억된 것이다. 이러한 현상은 외현 기억과 암묵 기억의 차이를 잘 보여 준다.

H. M.은 자신이 무언가를 학습했다는 사실은 기억할 수 없었지만, 학습의 결과로 새로운 기술을 익힐 수는 있었다. 한 연구자가 H. M.에게 손을 보지 말고 거울에 비친 모습을 보면서 별 모양을 따라 그리도록 요구하였다. 실제로 여러분들이 이것을 해 보면 그다지 쉬운 일이 아니라는 것을 알게 될 것이다. 대부분 처음에는 영 어설프게 삐뚤빼뚤 그리게 된다. 하지만 계속 연습을 하면 요령이 생겨서 곧잘 따라 그리게 된다. 놀랍게도 이와 같은 일이 H. M.에게서도 발견되었다. 그의 따라 그리는 능력이 향상되었던 것이다! 그는 자신이 거울을 보면서 별 모양을 따라 그리는 과제를 반복적으로 해 왔다는

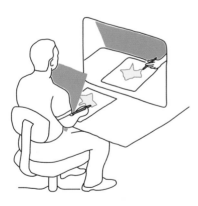

* 거울을 보면서 별 모양을 따라 그리는 실험

것을 전혀 기억하지 못했지만 능숙하게 별을 따라 그릴 수 있었다. 이러한 결과는 어제 무엇을 했는지 기억하는 것(일화 기억) 과 자전거 타는 방법이나 수영하는 법을 기억하는 것(절차 기억)이 완전히 다른 종류의 기억이라는 사실을 보여 준다.

이상의 H. M.의 사례는 해마를 비롯한 측두엽 영역이 어제저녁 무엇을 먹었는지(일화 기억), 지금 우리나라 대통령이 누

구인지(의미 기억)와 같은 정보를 장기 기억 속에 저장하는 데 결정적인 역할을 하며, 피아노 치는 법(절차 기억)이나 내가 인식하지 못하는 사이에 무언가 기억된 것(암묵 기억)과는 관련이 적다는 것을 보여 준다.

인지심리학과 뇌과학의 역사에서 단 한 명을 대상으로 한 연구로 이렇게 많은 사실을 밝힌 것은 H. M. 이전에도 없었고, 아마 이후에도 없을 것이다. 하지만 H. M.에 대한 이야기를 마치기 전에 잠시 생각해 볼 것이 있다. 소개한 바와 같이 헨리 몰레이슨(H. M.이라는 환자가 아니라 한 명의 인간에 대해 생각해 보자는 의미로 본명을 사용한다.)은 수십 년 동안 수없이 많은 실험에 참여했고, 그 결과 인간의 기억과 학습에 대해 수없이 많은 정보를 제공했다. 하지만 이것이 헨리 몰레이슨이라는 개인이 원했던 삶일까? 과연 그가 기억을 못 하는 상태에서 수없이 많은 실험에 참여시킨 것이 올바른 일이었을까? 헨리 몰레이슨과 H. M.의 경계에서 연구자들은 어떤 선택을 했어야 할까? 이것은 나와 여러분들이 함께 생각해 볼 문제이다.

사라지지 않을 기억을 만드는 응고화

지금까지 자신이 한 일이나 새로 익힌 사실에 대해 기억하는 능력을 잃어버린 H. M.의 사례를 통해 우리 머릿속 기억 체계와 기억의 구조에 대해 이야기하였다. 하지만 우리 대부분은 다행히도 H. M.과 같은 문제를 겪고 있지 않다. 따라서 우리가 기억하는 방식은

H. M.이 기억하는 방식과는 다르다. 지금부터는 정상적인 뇌에서 어떻게 정보가 저장되는지 알아보자.

우리의 경험이 새로운 기억을 만드는 과정을 응고화consolidation라고 한다. 경험이 처음 머릿속에 들어왔을 때는 다른 사건들에 의해 간섭받거나 잊히기 쉬운 상태에 있다. 즉, 영어 단어를 처음 외우고 난 직후에는 다른 단어들이랑 헷갈리거나 기억에서 사라지기 쉽다. 응고화는 이러한 기억을 보다 오래 저장할 수 있는 상태로 변형시키는 과정을 의미한다. 응고화는 일반적으로 두 단계에 걸쳐서 일어난다고 알려져 있다. 우선 처음 그 정보를 익히고 난 직후에 첫 번째 응고화가 일어난다. 첫 번째 응고화는 수술로 H. M.의 뇌에서 제거된, 기억과 관련된 핵심 영역인 해마에서 주로 일어난다. 이후 주로 수면 중에 서서히 대뇌피질에서 두 번째 응고화가 일어나며, 이 두 번째 응고화를 통해 기억이 머릿속에 완전히 자리 잡게 된다.

내가 미국에서 박사 과정 4년째가 되었을 때의 일이다. 이제 조금 여유가 생기고 심리적으로 안정이 되어 모처럼 학교 앞 거리에 있는 식당에서 점심을 먹고 나오는 길이었다. 한국 사람으로 보이는 한 무리의 사람들이 내 옆을 지나갔는데, 그중 한 명이 왠지 낯이 익어 보였다. '어디서 본 듯한데……' 하며 뒤돌아서 쳐다보니 그 사람도 돌아서서 나를 쳐다보는 것이었다. 서로 눈빛이 마주치고 서서히 다가가서 "혹시……" 라고 말하는데 문득 그 사람의 이름 등 모든 것이 기억났다. 무려 20년 만에 미국에서 길을 걷다가 우연히 초등학교 동창을 만난 것이었다. 그날 반가운 마음에 같이 저녁을 먹으며 여러 가지 옛날이야기를 했는데 그 친구의 동생 이름도 기억이 났고, 그 밖의 어렸을 때 추억이 계속해서 새록새록 떠올랐다. 응고화 과정을 완전히 마치고 내 머릿속 어딘가에 잘 저장되어 있던 기억이 떠오른 것이다. 이와 같이 응고화가 완전히 끝나 자리 잡은 기억은 다른 경험들에 의해 변형될 수는 있지만 거의 사라지지 않는다.

반면 응고화가 완전히 이루어지기 전에 사고 등으로 뇌 손상을 입게 되면 어떻게 될까? 축구나 격투기와 같은 운동 경기 중에 머리에 충격을 받은 사람들은 일시적인 기억상실을 겪기도 한다. 이 경우 대부분의 사람들이 한참 전의 일이나 사실들에 대해 기억하는 것에는 별 어려움을 겪지 않지만 충격을 받기 직전의 일은 잘 기억하지 못하며, 심한 경우에는 영원히 그 직전의 일을 떠올리지 못하게 되기도 한다. 즉, 응고화가 된 기억들은 다시 돌아오지만 아직 응고화가 완전히 진행되지 않은 기억들은 완전히 손상될 수 있는 것이다.

앞서 망각의 원인인 간섭에 대해 설명할 때 순행성 간섭과 역행성 간섭에 대해 이야기하였다. 기억상실도 마찬가지여서 H. M.과 같이 기억상실증을 초래한 사건 이후의 정보를 기억하지 못하는 것을 순행성 기억상실anterograde amnesia이라고 하고, 내 이름이 무엇인지, 어디에 살았는지 등 기억상실증을 초래한 사건 이전의 정보를 기억하지 못하는 것을 역행성 기억상실retrograde amnesia이라고 한다. 기억상실증을 소재로 한 영화나 드라마에서 주인공이 사고로 자신에 대한 모든 기억을 잃고 낯선 이들과 함께 살아가게 되는 이야기가 나오곤 하는데, 이때의 기억상실증이 바로 역행성 기억상실이다. 만약 주인공이 순행성 기억상실증에 걸리게 되면 H. M.과 같이 새로운 정보를 기억하는 능력이 사라지게 되므로 영화나 드라마의 스토리를 전개해 나가기가 무척 힘들 것이다. 참고로 영화나 드라마에서는 사고나 충격으로 기억상실증에 걸린 사람들이 다시 사고를 당하거나 충격을 받으면 기억이 돌아오곤 하는데, 이것은 전혀 사실이 아니다. 기억력이 오히려 더 나빠지면 모를까 다시 심한 충격을 받아서 기억이 돌아오는 건 불가능한 일이다.

앞서 두 번째 응고화는 주로 잠자고 있을 때 일어난다고 하였다. 이와 관련한 연구가 있었는데,[10] 한 집단에는 단어를 학습한 직후에 바로 잠을 자라고 하고 다른 집단에게는 단어를 학습한 후 한참 뒤에 잠을 자도록 하였다. 이 두 집단은 모두 같은 시간 동안 단어를 학습하였지만 학습한 뒤 잠자리에 들기까지의 시간만 달랐다. 이후 두 집단은 동시에 단어 시험을 보았는데 학습 직후 잠을 잔 집단의 경우에 기억 수행이 더 좋았다. 이러한 결과가 나타난 이유는 아마도 잠이 듦으로써 학습 직후에 응고화 과정을 방해할 만한 자극들이 사라져 망각의 주요 원인인 간섭이 개입할 여지가 적었고, 잠자는 동안 응고화가 촉진되었기 때문일 것이다. 이 연구를 통해서 알 수 있는 것은 공부를 마치고 잠시 쉬면서 휴대폰을 보는 습관은 별로 좋은 습관이 아니라는 것이다. 잠이 부족한 우리나라 수험생들의 경우에는 더더욱 공부가 끝나면 곧바로 잠드는 것이 여러모로 유리하다.

---

10 — Gais S, Lucas B, Born J (2006) Sleep after learning aids memory recall. Learn Mem. 13:259-262.

여러 가지 기억 현상들

마지막으로 여러 가지 다른 기억 현상들에 대해 알아보도록 하자. 우선 사실을 부정확하게 기억하는 경우에 대해 생각해 보자. 대개의 사람들은 목격자 기억이 상당히 정확하다고 생각한다. 직접 보았으니 정확하게 기억할 수 있으리라고 생각하는 것이다. 하지만 실제로 목격자 기억은 그다지 정확하지 못하며, 다양한 것에 영향을 받아 왜곡되는 경우가 많다.

목격자 기억과 관련하여 가장 유명한 연구는 엘리자베스 로프터스Elzabeth Loftus와 존 팔머John Palmer가 1974년 수행한 연구이다.[11] 이들은 사람들에게 자동차 사고 장면을 보여 준 뒤 차가 얼마나 빨리 달렸는지, 사고 장면에서 깨진 유리를 보았는지 물었다. 그런데 이 질문을 할 때 다른 단어들은 모두 그대로 두고 한 가지만 다양하게 바꾸었다. 예를 들어 "두 차가 '정면충돌했을 때' 속도가 어떠했는가?"라고 질문하거나 "두 차가 '접촉 사고가 났을 때' 속도가 어떠했는가?"라고 질문하는 식이었다. 질문에서 사용된 단어에 따라서 사람들이 판단하는 '사고 시 자동차의 속도나 깨진 유리가 있었는지 여부'가 제각기 다르게 나타났다. 즉, '접촉 사고가 났을 때'라고 질문한 경우에는 '정면충돌했을 때'라고 질문한 경우보다 자동차의 속도를 상대적

---

11 — Loftus, E. F., & Palmer, J. C. (1974). Reconstruction of auto-mobile destruction: An example of the interaction between language and memory. Journal of Verbal Learning and Verbal behavior, 13, 585-589.

으로 느린 속도였다고 보고했으며, 깨진 유리는 보지 못했다고 보고하는 경우가 많았다. 이와 같이 직접 보고 기억한 사실일지라도 그에 대해 어떤 질문을 받느냐에 따라 다르게 변형될 수가 있다. 다행인 것은 사소하거나 세부적인 일들의 경우에는 어떤 질문을 받았는지에 상당히 많이 좌우되지만 핵심적인 사항의 경우에는 상대적으로 질문에 영향을 덜 받는다는 점이다.

목격자들이 증인을 착각하여 잘못 판단하는 경우도 많다. 그중 하나는 범인이 아니지만 그 주변에 있던 사람을 단지 낯이 익다는 이유로 범인으로 지목하는 경우이다. 즉, 어디선가 본 적이 있다는 사실은 기억해 냈으나 정확히 어디서 어떻게 봤는지는 기억하지 못하여 범행 현장에서 보았던 낯익은 사람을 범인으로 지목하는 것이다. 이러한 현상을 출처 오귀인source mis attribution이라고 한다. 이는 사소한 기억 오류이지만, 심각한 문제를 초래하기도 한다. 미국에서는 1973년부터 2000년까지 사형이 확정되어 대기 중이던 사람 중 172명이 진범이 잡혀 무죄로 풀려났다. 이렇게 무죄로 풀려난 사람들의 대부분은 목격자의 증언에 의해 유죄로 확정된 사람들이었다.

우리는 또한 아주 특별한 사건에 대한 기억은 매우 생생하고 정확하다고 믿는다. 911 테러 사건과 같은 특별한 사건에 대한 기억을 섬광 기억flashbulb memory이라 하는데, 사람들의 믿음과는 달리 실제 연구 결과들은 이러한 기억들도 다른 기억과 마찬가지로 부정확하고 쉽게 왜곡된다고 보고하고 있다. 다만 사람들이 특별한 사건에 대한 자신의 기억이 정확하다고 믿을 뿐이다.

심지어는 자신이 어렸을 때 사건에 대한 기억도 부정확한 경우가 많다. 어렸을 때 있었을 법하지만 실제로는 일어나지 않았던 사건을 매우 구체적인 내용까지 생생하게 기억하고 있다고 믿는 경우는 그리 드문 일이 아니다. 즉, 우연한 기회에 들은 그럴듯한 이야기가 나중에 내가 겪은 이야기로 둔갑해 버리는 것이다. 따라서 자신의 어렸을 때 기억을 너무 믿을 필요는 없다.

일반적으로 성인의 경우 떠올릴 수 있는 가장 어렸을 때의 기억은 3세 이후의 기억들이다. 하지만 3～6세 사이의 기억들도 매우 제한적으로만 존재한다. 이렇게 아동기 사건에 대한 기억이 별로 남아 있지 않은 이유는 그 시기에는 아직 뇌와 언어 발달이 다 이루어지지 않아 정보를 체계적으로 처리하고 저장하는 능력이 없었기 때문이다. 즉, 아직 인지 능력이 덜 발달되어 머릿속에 정보가 제대로 저장되지 못했다는 것이다. 어릴 때 기억이 억압되어 있어서 기억해 내지 못하는 것이라는 프로이트의 주장을 들어 본 적 있는 사람은 그것을 잊어버리는 게 낫다. 이는 전혀 객관성이 없고 과학적이지 않은 이야기이다.

지금까지 과거의 사건에 대한 기억에 대해서 이야기했다. 하지만 우리 삶에 정말로 중요한 기억 중 하나는 앞으로 어떤 일을 해야 하는지를 기억하는 것이다. 즉, 다음 주에 어디에서 누구랑 만나서 무엇을 하기로 했는지 기억하는 것이다. 이와 같은 기억을 미래 기억이라 부른다. 다음 주에 할 일을 자주 잊어버리는 것은 과거 사건을 잘못 기억하는 것보다 더 큰 문제를 초래할 수 있다. 우리가 범죄 사건의 목격자가 되어 증언을 해야 하는 경우는 드물지만, 앞으로 할 일들을 기억해야 하는 경우는 하루에도 몇 번씩 발생한다. 매번 해야 할 일을 잊거나 만나기로 한 약속을 잊어버려서 지키지 못하는 사람은 정상적인 사회생활을 하기가 어려울 것이다. 따라서 미래 기억을 정확하게 유지하는 것은 매우 중요하다. 미래 기억의 향상을 위해서는 여러 가지 일들을 동시에 하는 것보다 한 번에 한 가지씩 하는 것이 좋다. 그리고 일이 하나씩 끝날 때마다 잠시 쉬면서 다음에 어떤 일을 해야 하는지 떠올리는 것도 중요하다. 여러 연구들에서 일을 마친 뒤에 잠시 동안 휴식하는 것이 끝낸 일을 정리하는 데에도 도움이 되며 새로운 일을 시작하는 데에도 도움이 된다고 제안하고 있다.

자, 이제 책을 덮고 잠시 쉬도록 하자.

참고 문헌

- Bäuml, K.-H. T., & Kliegl, O. (2013). The critical role of retrieval processes in release from proactive interference. Journal of Memory and Language, 68(1)

- Bjork, R. A., & Bjork, E. L. (1992). A new theory of disuse and an old theory of stimulus fluctuation. In A. F. Healy, S. M. Kosslyn, & R. M. Shiffrin (Eds.), From learning processes to cognitive processes

- Dennis, M., & Kohn, B. (1975). Comprehension of syntax in infantile hemiplegics after cerebral hemidecortication: Left-hemisphere superiority. Brain and Language, 2(4).

- Gais S, Lucas B, Born J (2006) Sleep after learning aids memory recall. Learn Mem. 13.

- Ghent, L. 1956 Perception of overlapping and embedded figures by children of different ages. Am. J. Psychol. 69.

- Harrison, V., & Hole, G. (2009). Evidence for a contact-based explanation of the own-age bias in face recognition. Psychonomic Bulletin & Review, 16.

- Loftus, E. F., & Palmer, J. C. (1974). Reconstruction of auto-mobile destruction: An example of the interaction between language and memory. Journal of Verbal Learning and Verbal behavior, 13.

- Roediger, H. L. III, & Karpicke, J. D. (2006). Test-enhanced learning: Taking memory tests improves long-term retention. Psychological Science, 17(3).

- Wiese, H., Komes, J., & Schweinberger, S.R. (2013). Ageing faces in ageing minds: A review on the own-age bias in face recognition. Visual Cognition, 21.

Q. 감각 기억이 존재한다는 것을 어떻게 입증할 수 있을까?

A. 감각 기억은 눈이나 귀로 들어온 정보가 아주 잠깐 저장되는 곳으로 감각 등록기라고도 한다. 이 감각 기억에는 시각 정보는 약 1초 이내, 청각 정보는 2~3초 정도 머무를 수 있다고 제안되고 있다. 그렇다면 이렇게 정보가 매우 짧게 저장되었다가 사라진다는 것을 어떻게 발견할 수 있었을까? 조지 스펄링[George Sperling]은 1960년 부분 보고법 실험[12]을 통해 감각 기억의 존재를 입증하였다. 그의 연구에서는 아래에 보이는 바와 같이 한 줄에 4개씩 3줄로 총 12개의 철자를 매우 짧게 (50ms 즉, 0.05초) 화면에 제시하고 난 이후 바로 기억나는 것을 보고하라고 하였다. 이때 사람들은 대체로 4개 정도만 보고할 수 있었다. 마치 머릿속에 4개만 담을 수 있었던 것처럼 말이다.

K Z R V	← 높은 소리 (첫 번째 줄)
Q B T F	← 중간 소리 (두 번째 줄)
S G N U	← 낮은 소리 (세 번째 줄)

스펄링은 사람들이 철자를 4개 정도밖에 보고하지 못하는 이유가 보고하는 도중에 다른 철자에 관한 기억이 사라졌기 때문이라고 생각하여 부분 보고 방법을 고안하였다. 부분 보고 방법에서는 철자들을 제시한 직후에 어떤 줄에 있는 철자를 보고할지 소리를 통해 지시하였다. 가령, 높은 소리는 첫 번째 줄,

---

12 — Sperling, G. (1960). The information available in brief visual presentations. Psychological Monographs: General and Applied, 74(11), 1-29

중간 소리는 두 번째 줄, 낮은 소리는 세 번째 줄과 같은 식이다. 그 결과 사람들은 보고하라고 지시하는 줄의 철자들을 상당히 정확하게 보고할 수 있었다. 여기서 중요한 것은 사람들이 어떤 줄에 있는 것을 보고해야 하는지 미리 알지 못했고, 철자들이 제시된 이후에야 어떤 줄을 보고할지 알려 주는 소리가 제시되었다는 점이다. (가령 철자들이 나타났다 사라진 뒤 높은 소리가 제시되면 KZRV를 보고해야 하고, 중간 소리가 제시되면 QBTF를 보고해야 한다.)

이 연구는 전체가 아니라 그 일부분만을 보고하는 것을 통해 사람들이 아주 짧은 동안일지라도 전체를 다 기억할 수 있다는 것을 보여 주어 감각 기억의 존재를 입증하였다.

Q. **사람은 자기 뇌의 단지 10%만을 사용한다고 하는데 정말일까?**

A. 사람은 자기 뇌의 10~20%만을 사용하고 있으며, 훈련을 통해 뇌를 더 많이 사용할 수 있게 해야 한다는 말을 들어 본 적이 있을 것이다. 하지만 이 말은 사실이 아니다. 우리가 쉬운 일을 할 때는 뇌의 일부만을 사용하지만, 어려운 일을 할 때는 뇌의 많은 영역을 이용한다. 또한 뇌의 아주 작은 부위에 손상이 발생해도 행동의 변화(문제)가 발생한다.

그렇다면 뇌를 잘 쓰는 방법이 있을까? 분명한 것은 뇌를 많이 쓴다고 무언가를 잘하는 것은 아니라는 것이다. 같은 수학 문제를 풀 때 수학을 잘하는 학생의 뇌는 그다지 많이 쓰이지 않지만, 수학을 잘 못하는 학생의 뇌는 무척 많이 쓰인다. 따라서 문제가 잘 안 풀려서 애쓰는 친구에게 "머리 좀 써라."라고 하는 것은 올바른 충고가 아니다. 뇌를 잘 쓰는 가장 좋은 방법은 잘하고 싶은 것을 부지런히 연습하여 습관화되게 만드는 것이다. 훈련을 통해 숙달이 되면 될수록 우리의 뇌는 점점 더 효율적으로 작동하기 때문에 뇌를 훨씬 덜 쓰고도 같은 일을 행할 수 있다.

질문으로 다시 돌아가 보자. 그럼 우리가 뇌의 10%만을 쓰고 있다는 말은 틀린 말일까? 꼭 그렇지는 않다. 이 말은 아마도 우리가 뇌를 항상 100% 쓰는 것은 아니라는 것을 표현하는 말일 것이다. 사실 아무 생각 없이 텔레비전을 보고 있을 때 우리의 뇌는 매우 조금 사용되고 있다.

Q. **왼쪽 뇌와 오른쪽 뇌가 정보 교환을 못 하게 되면 어떻게 될까?**

A. 본문에서 설명한 바와 같이 왼쪽 뇌와 오른쪽 뇌는 뇌량이라 불리는 신경섬유 다발로 연결되어 있어서 서로 정보를 교환한다. 만약 뇌량을 절단하여 왼쪽 뇌와 오른쪽 뇌가 의사소통을 하지 못하게 하면 어떻게 될까?

요즘에는 이러한 처치를 하지 않지만, 과거에는 심한 간질 발작을 방지하기 위해 뇌량을 절단하는 분리 뇌split brian 시술을 하기도 했다. 따라서 분리 뇌 시술을 받은 환자들을 대상으로 한 연구도 진행되었는데, 그중에서 미국의 신경 생물학자 로저 스페리Roger Wolcott Sperry는 대뇌반구의 국재화 관련 연구[13]로 노벨 생리·의학상을 수상하였다. 그는 뇌량 절단 환자들에게 물건을 보지 못하는 상태에서 오른쪽 혹은 왼쪽 손으로만 물건을 만지게 하였는데, 이들은 오른손으로 잡은 물건에 대해서는 그것이 무엇인지 말할 수 있었지만 왼손으로 잡은 물건에 대해서는 이름을 말할 수 없었다. (오른손으로 들어온 정보는 왼쪽 뇌로 가는데, 대부분의 사람들은 왼쪽 뇌가 언어 처리를 담당한다.) 하지만 뇌량 절단 환자들도 왼손으로 잡은 물건을 쓰임새에 맞게 정확하게 사용할 수 있었다. (만약 왼손으로 잡은 것이 볼펜이었다면 그것으로 글씨 쓰는 흉내를 냈다.) 이러한 결과는 각각의 뇌가 각기 다른 역할을 한다는 것을 보여 주는 중요한 예이다.

Q. **공부하는 환경과 시험 보는 환경이 유사하도록 하는 것이 기억에 도움이 될까?**

A. 학생들이 수능 시험을 준비하면서 수능 시간표대로 공부하거나 수능 때 사용할 펜과 같은 종류의 펜으로 공부하거나, 심지어는 수능 시험장에서 쓰는 책상과 비슷한 것을 구해 거기서 공부를 한다는 이야기를 들은 적이 있다. 이런 방법이 과연 효과적일까?

영국 심리학자 덩컨 고든Duncan Godden과 앨런 배들리Alan Baddeley의 유명한 연구[14]를 살펴보자. 이들은 잠수부들에게 두 개의 단어 목록을 주고 각각 물 밖이랑 물속에서 외우게 하였다. 이후 단어 시험을 봤는데, 물속에서 시험을 본 경우에는 물속에서 외운 목록에 있던 단어를 잘 기억했고 물 밖에서 시험을 본 경우에는 물 밖에서 외운 목록의 단어들을 잘 기억했다. 즉, 단어를 외운 장소와 시험 장소가 일치하는 경우에 더 많이 기억한 것이다. 이러한 결과는 우리의 기억이 학습 맥락에 크게 영향을 받는다는 것을 보여 주며, 학습한 상황과 유사한 상황에서 더 잘 기억할 가능성이 크다는 사실을 알려 준다.

수능 시험 준비를 위해 시험 상황과 유사한 환경에서 공부해 보는 수험생들의 노력이 인지심리학적으로 근거가 있다는 것이다. 그렇다고 당장 책상을 구입할 필요는 없다. 최근의 연구들에서는 환경적 맥락의 영향이 상당히 과장되었을 수 있으며, 수능과 같이 분량이 많고 내용이 어려운 시험의 경우에는 환경의 영향이 거의 없다고 보고하고 있다. 즉, 책상을 구입하는 것도 좋지만 앞서 설명한 공부 방법들을 따라 공부하는 것이 더 좋은 방법이라는 뜻이다.

Q. IQ가 좋은 사람들이 오래 살까?

A. IQ와 수명은 직접적으로는 연관이 없다. 다만 여러 연구에 따르면 IQ가 높은 사람들이 더 나은 환경에서 생활할 가능성이 크며, 그 결과 이들이 더 건강하게 오래 살 가능성이 높다. IQ와 수명과의 관련성은 두 사건 사이에 밀접한 관련성이 있다고 하더라도(상관관계) 그것이 반드시 원인과 결과(인과관계)를 의미한다고 이해해서는 안 된다는 것을 보여 주는 좋은 예이다. IQ가 높지만 정신적 스트레스가 심한 사람은 건강이 안 좋을 가능성이 크며, IQ는 높지 않지만 정신적으로 여유로운 사람은 남들보다 건강하게 살 가능성이 크다.

상관관계와 인과관계를 혼동하는 사례는 무수히 많다. 예를 들어 폭력물의 시청이 공격성과 관련이 매우 높다는 점은 분명하지만, 폭력물의 시청이 공격성을 증가시키는지 아니면 공격성이 높은 사람들이 폭력물을 좋아하는지를 구분하는 것은 쉽지 않다. 여러 사건들 사이의 인과관계를 명확히 밝히기 위해서는 정교한 실험 연구를 통해 지속적으로 자료를 축적해야 한다.

---

13 — Sperry, R. W. (1968). Hemisphere deconnection and unity in conscious awareness. American Psychologist, 23(10), 723.

14 — Godden, D. R., & Baddeley, A. D. (1975). Context-dependent memory in two natural environments: On land and underwater. British Journal of Psychology, 66(3), 325-331.

2강
인지심리학 알수록 재밌어요

김태훈 교수가
풀어 드립니다

인지심리학자로서 자주 받는 질문이 있다. 심리학은 알겠는데, 인지심리학은 도대체 뭘 연구하는 학문이냐는 것이다. 우리의 일상과 밀접하게 연결되어 있는 심리학의 학문적 특성을 고려할 때, 이 질문은 전공자로서 사실 상당히 당황스러우면서도 매우 부끄러워지는 뼈아픈 질문이다. 특히 인지심리학이 심리학의 핵심적인 영역이라는 점에서, 인지심리학이 무엇인지 쉽게 이해할 수 있도록 전달하는 것은 전공자에게 매우 중요한 임무라고 생각된다.

지난 20여 년간 우리나라에서 심리학에 관한 관심이 엄청나게 증가했다. 대학 입학 전형에서 심리학과의 경쟁률이 예전에 비해 크게 높아진 것만 보아도 쉽게 알 수 있다. 게다가 일상에서도 '심리'라는 단어가 자주 사용되고 있다. "지금 저 사람의 심리는 뭐지?" 혹은 "그렇게 말하는 심리는 무엇일까?"와 같은 질문을 들어 보았을 것이다. 그런데 우리가 일상적으로 사용하는 이 심리라는 용어는 어떤 의미가 있는 걸까? 사실 그건 사람의 '생각'과 같다. 앞의 질문에서 '심리'라는 단어를 '생각'으로 바꾸어도 자연스럽게 의미가 통하는 것을 알 수 있다. 다시 말해 우리는 다른 사람들의 생각이 궁금한 것이다.

인지심리학은 바로 인간의 생각을 다루는 분야이다. 인지심리학에서 '인지認知cognition'는 인간의 생각을 의미한다. 그래서 인지심리학은 생각으로 가득한 우리의 일상과 밀접하게 연결되어 있다. 인간이 보고 듣고 말하는 것부터 정의, 행복, 소통과 같은 추상적인 개념뿐만 아니라 창의적이고 혁신적인 아이디어를 창출해 내는 것까지 모두 인지심리학의 연구 결과를 바탕으로 설명하고 있다. 그래서 이 책의 저자들은 인지심리학의 여러 주제를 일상의 경험과 연결하는 데 초점을 맞추었다. 독자들은 이 책을 통해 인지심리학이 우리가 경험하는 일상의 사례와 어떻게 연결되는지 쉽게 파악할 수 있을 것이다.

한편 인간의 생각하는 능력은 인간을 가장 인간답게 만든다고 한다. 굳이 자세히 설명하지 않아도 우리 모두 인식하고 있는 점이다. 그래서인지 '생각 없는 놈'과 같은 표현은 상당히 모욕적으로 들린다. 역으로 생각하면 우리가 생각하는 능력을 아주 당연한 것으로 여기고 있다는 의미이기도 하다. 그러나 우리가 그 중요성을 인식하지 못하고 있을 뿐, 인간의 생각은 인간이 가진 정말 놀라운 능력이다. 왜 그럴까?

인간은 생각하는 능력을 통해 그동안 별다른 경쟁 없이 지구를 지배해 왔다. 그런데 인공지능의 등장이라는 예기치 못한 사건이 발생했다. 구글 딥마인드의 바둑 인공지능 알파고AlphaGo와 알파제로AlphaZero, 페이스북과 카네기멜론대학 연구팀이 공동으로 개발한 포커 인공지능 플루리버스Pluribus는 인공지능의 위력을 실감하게 했다. 이제는 대화의 상대가 인공지능인지 눈치채기 어렵고, 인간이 하던 많은 일을 인공지능이 대체하기 시작했다. 그래서인지 많은 사람이 인공지능이란 존재를 막연히 두려워하고 있는 것처럼 보인다.

사실 그동안 호모 사피엔스는 지구에서 생각하는 유일한 존재라고 해도 과언이 아니었다. 그런데 이제는 생각하는 또 다른 존재인 인공지능과 생각의 품질을 경쟁하며 살아가야 할지도 모른다. 인간이 경쟁 우위에 서기 위해서는 생각의 품질을 차별화해야 한다. 그런데 과연 그것이 가능할까?

오늘날 인간은 생각의 품질을 차별화하기는커녕 오히려 점점 생각을 하지 않는 쪽으로 바뀌어 가고 있다. 컴퓨터나 외부의 저장 장치가 등장하면서 인간은 새로운 정보를 뇌에 저장하지 않게 되었다. 우리가 살아가는 공간은 내비게이션이나 지도 앱에 저장되고, 우리의 일상 역시 스케줄러에 저장된다. 《사피엔스Sapiens》의 저자 유발 하라리Yuval Noah Harari는 우리 인간이 지금처럼 생각의 품질을 차별화하지 않으면 오래지 않아 무용無用 계급으로 전락할 가능성이 있다고 하였다. 그만큼 생각이 중요하다는 의미일 것이다. 생각에 대해 알지 못하면서 생각의 품질을 개선하는 것은 불가능하기 때문에, 지금이 바로 생각을 다루는 인지심리학에 관심을 가지고 인간의 생각을 들여다보아야 하는 시점이라는 생각이 든다.

다소 무겁게 들릴 수 있지만, 이 책을 읽다 보면 그런 두려운 느낌은 자연스럽게 사라질 것이다. 책에서 소개하고 있는 대로 인간의 생각은 인공지능이 범접하기 어려운 점을 가지고 있다. 간단하게만 살펴보아도 답은 명확하다. 빅 데이터를 사용하지 않으면 생각을 거의

하기 어려운 인공지능에 비해 우리 인간은 스몰 데이터만 사용하면서도 놀라운 생각을 할 수 있다. 그리고 혼자만 생각하는 것이 아니라 다른 사람과 함께 생각한다. 그렇게 축적한 지식은 문화를 형성하여 지속적으로 이어진다. 인간은 이렇게 생각하는 엄청난 능력을 소유하고 있다. 다만 우리가 인식하지 못하고 있었을 뿐이다.

이제 이 책을 통해 인간의 생각 그리고 자신의 생각을 살펴보자. 그리고 우리의 일상과 연결해 보자.

1장

주의:
세상에 대한 관심

조용한 곳에서 무언가를 하고 있을 때 갑자기 '쾅!' 하는 큰 소리가 났다. 이때 사람들은 어떻게 할까? 친구와 대화를 하고 있는데 눈앞으로 무언가가 갑자기 빠르게 지나갔다. 이때는 어떻게 할까? 공원에 산책을 하러 갔는데 풀숲에서 뱀이 스르르 지나가는 것을 보았다. 이때는 어떻게 할까? 이럴 때 '쾅!' 하는 소리 쪽으로, 빠르게 지나간 무언가로, 스르르 지나가는 뱀 쪽으로 시선을 주지 않는 사람이 있을까? 위의 예시는 인지심리학에서 '주의를 끈다'고 말하는 몇 가지 상황이다. 그렇다면 이런 상황은 왜 우리의 주의를 끄는 걸까? 이 질문에 대한 답은 우리 인간이 지금까지 살아온 모습 중 일부를 설명해 주기도 하기 때문에 상당히 중요하다.

아주 오래전으로 돌아가 보자. 문명이 발달하기 훨씬 전, 인간은 야생에서 살면서 먹이를 구하고 맹수를 피해 밤에 숨어 있을 곳을 마련해야 했다. 가령 먹이를 구하러 돌아다니는데 갑자기 무언가가 빠르게 지나갔다. 혹시나 맹수일 수도 있다는 생각에 그 물체에 주의를 기울이고 확인해 본 사람이 있는 반면, 별거 아니겠거니 하고 주의를 기울이지 않은 사람이 있었다. 빠르게 지나간 무언가가 맹수가 아니었다면 별다른 차이가 없겠지만, 맹수였다면 주의를 기울인 사람은 살아남을 가능성이 크고, 그렇게 하지 않은 사람은 아마도 맹수에게 잡아먹힐 가능성이 클 것이다. 그래서 위협이 될 수 있는 자극이 있을 때 주의를 기울이는 사람들이 살아남았고, 그러한 특성이 지금 우리에게 전해졌을 것이라고 생각할 수 있다.

누가 나의 주의를 가져가는가?

위에서 설명한 대로 자극 자체의 특성이 우리의 주의를 끈다. 그런데 이렇게 주의를 '끄는' 것 이외에 우리가 주의를 '기울이는' 자극이나 상황도 있다. 지금부터 우리가 어떤 자극이나 상황에 주의를 기울이는지 알아보자. '주의를 기울인다'를 영어로 표현하면 pay attention to인데, 이 표현에는 '지불하다'라는 의미의 pay라는 동사가 포함되어 있다. 즉, 주의를 기울인다는 표현에 함축된 의미는 내가 가진 것을 내주더라도 얻어 올 만한 가치를 가진 것이 있다는 말이다. 그렇다면 내어놓아야 하는 것은 무엇이고 손해를 감수하더라도 손에 넣어야 하는 것은 무엇일까?

　인간의 감각기관에 들어오는 자극의 개수는 거의 무한대에 가깝다. 가장 많은 정보를 처리하는 시각을 예로 들어 보면, 지금 이 책을 읽고 있는 순간에도 책에 쓰인 글자 이외에 책의 모양이나 질감, 종이의 색깔, 책을 들고 있는 손, 주변 환경 등 엄청난 양의 정보가 눈에 입력된다. 그런데 이렇게 많은 양의 자극을 동시에 처리할 수 있을 정도로 감각기관의 용량이 크지 않다. 그래서 우리는 중요하기 때문에 처리해야 한다고 생각하는 자극에는 주의를 기울이는 반면, 나머지 자극에는 관심을 가지지 않는다. 물론 확률은 높지 않지만 관심을 가지지 않은 자극 중에 중요한 것이 있을 수도 있다. 하지만 효율적으로 자극을 처리하기 위해서 우리는 이러한 손해를 감수하고 중요한 자극에 주의를 기울이게 된다.

　그렇다면 우리가 중요하다고 생각하는 자극은 무엇일까? 크게 두 가지로 나누어 볼 수 있다. 첫 번째는 관심이 있는 것이고 두 번째는 위험이나 위협과 관련된 것이다. 먼저 관심이 있는 것부터 살펴보자. 다양한 것에 관심이 있을 수 있지만, 크게 보면 재미를 느끼고 좋아하는 것 그리고 본인의 이익과 관련된 것으로 나눌 수 있다. 맛있는 음식, 좋아하는 친구, 신나는 게임은 누가 관심을 가지라고 하지 않아도 관심을 가지게 되고, 그런 것들을 보면 자연스럽게 주의를 기울이게 된다. 심지어 주의를 기울이지 말라는 말도 별 소용이 없다.

　또한 우리는 자신의 이득이나 손해와 관련된 것에도 주의를 기울인다. 이런 상황은 금전적인 부분이나 친구 관계에서 자주 나타난다.

본인이 투자한 상품과 관련된 정보는 자연스레 우리의 주의를 사로 잡는다. 또한 친구 관계에 문제를 일으킬 만한 사람이 등장하거나 사건이 발생하면, 그 사람의 행동 하나하나에 혹은 사건의 자세한 내용에 주의를 기울이게 된다.

두 번째로 위험하거나 위협을 느끼는 상황을 살펴보자. 가령 관광지에 가서 출렁다리를 건넌다고 해 보자. 다리를 건너는 동안 혹시 떨어질 수도 있다는 생각에 자신의 발걸음 하나하나뿐 아니라 앞뒤 사람의 움직임에도 주의를 기울이게 된다. 대부분 위험이나 위협의 요소가 해소될 때까지 주의를 유지할 것이다.

간단히 정리해 보면 재미있는 것과 걱정하는 것에 주의를 기울인다고 할 수 있다. 종종 업무에서 혹은 일상에서 주의력이나 집중력이 떨어진다는 걱정을 하는 경우가 있다. 이럴 때 어떻게 해야 할까? 답은 간단해 보인다. 업무와 일상이 재미있을 가능성은 거의 없다. 그렇다면 이를 재미있게 만들면 된다. 업무를 게임처럼 만들어 보는 것은 어떨까? 동료와 함께 작지만 의미 있는 상품을 걸거나 스스로에게 보상을 주는 방식을 시도해 보는 것도 좋을 것이다.

주의를 기울이지 않아도 살아남는 자극

우리가 무언가에 주의를 기울이는 것은 엄청나게 많은 자극 중에 중요하다고 생각하는 자극을 우선적으로 처리하기 위해서라는 사실을 확인하였다. 그렇다면 주의를 기울이지 않은 자극은 어떻게 될까? 그대로 사라지는 것일까? 앞서 손해를 감수하고 중요한 것에 주의를 기울인다고 했는데, 만약 주의를 기울이지 않은 자극에 중요한 내용이 포함되어 있다면 더 큰 손해를 볼 수도 있지 않을까?

인지심리학자들은 주의를 기울인 자극과 그렇지 않은 자극이 어떻게 되는지를 확인하기 위해 오래전부터 많은 연구를 진행해 왔다. 1950년대에 도널드 브로드벤트^{Donald Broadbent}는 양분 청취법^{dichotic listening task}이라는 아주 획기적인 방법을 고안해 냈다. 아래 그림처럼, 헤드폰을 착용한 상태에서 오른쪽 귀와 왼쪽 귀에 각각 다른 문장을 들려준다. 그리고 둘 중 한쪽 귀에 들리는 문장에만 주의를 기울이고 다른쪽 귀에 들리는 문장은 무시하라고 지시한다. 그러고 나서 주의를 기울인 쪽에 제시된 문장을 그대로 따라 말하게 하였다.

• 양분 청취법 실험

브로드벤트가 연구를 시작한 이후 엄청나게 많은 후속 연구가 진행되었는데, 연구 결과가 상당히 흥미롭다. 예상한 대로 주의를 기울인 쪽에 제시된 문장을 따라 말하는 데는 별 어려움이 없었다. 그렇다면 주의를 기울이지 않은 쪽에 제시된 문장은 어떻게 되었을까? 나중에 물어보았을 때 사람들은 문장의 거의 대부분을 기억하지 못했다. 그런데 목소리의 성별이나 높낮이와 같은 기본적인 사항은 알고 있었고, 이에 더해 이름이나 사는 곳과 같은 본인과 관련된 정보도 알고 있었다. 즉, 본인과 관련된 정보와 같이 자신한테 중요한 정보는 주의를 기울이지 말고 무시하라고 해도 그렇게 할 수 없었던 것이다.

이렇게 중요한 자극은 주의를 기울이지 않아도 살아남게 된다. 이러한 현상을 설명하는 용어가 바로 칵테일 파티 효과Cocktail party effect이다. 여러 사람이 모인 자리에서 모두 신나게 떠들고 있어 바로 옆에 있는 사람이 하는 말도 잘 들리지 않는 상황에 갑자기 어디선가 내이름이 들리고 내 이야기를 하는 것 같은 경험을 한 적이 있을 것이다. 그처럼 시끄러운 곳에서도 자기 이름을 듣게 되는 것은 그것이 그만큼 중요한 자극이기 때문이다.

주의에 따라 달라지는 생각

주의가 단순히 자극을 어떻게 처리할지 결정하는 역할만 하는 것은 아니다. 우리가 어디에 주의를 기울이는가에 따라 생각이 달라지기도 한다. 이와 관련한 가장 대표적인 사례가 바로 네커 큐브^{Necker} Cube이다. 네커 큐브는 1832년 스위스 학자 루이스 앨버트 네커^{Louis} Albert Necker가 발견하였다. 아래 그림의 왼쪽에 정육면체가 있다. 그런데 이 정육면체는 어느 쪽에 주의를 기울이는가에 따라서 다른 모양이 된다. 오른쪽 위에 있는 빨간 점에 주의를 기울이면 1번과 같은 정육면체가 보이고, 왼쪽 아래에 있는 파란 점에 주의를 기울이면 2번과 같은 정육면체가 보인다. 분명 같은 그림을 보고 있지만 어느 곳에 주의를 기울이는가에 따라서 우리가 보는 대상이 달라지는 것이다.

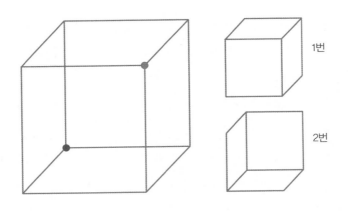

1번

2번

우리는 일상에서도 네커 큐브와 같은 현상을 경험한다. 어디에 시선을 두는지, 즉 어디에 주의를 기울이는지에 따라 같은 물체라고 하더라도 다른 것으로 보는 경우는 무척 많다. 때로 우리는 옆에 있는 친구가 나와는 다른 것을 보고 있다는 것을 이해하지 못하고 질책하곤 한다. 그러기 전에 먼저 친구와 나의 시선을 맞추어 보면 어떨까?

중요해서 주의를 기울이는 것이 아니다

앞에서 우리는 중요하다고 생각하는 것에 주의를 기울인다는 것을 확인하였다. 그런데 여기에 숨은 의미를 한번 들여다볼 필요가 있다. 과연 우리는 정말 중요한 것에 주의를 기울이는 것일까? 혹시 중요하다고 생각했기 때문에 주의를 기울였지만 상황에 따라서 그 중요성이 달라질 수도 있을까?

이와 관련해서 가장 대표적인 사례는 법정에서 이루어지는 목격자 증언이다. 안타까운 사고 장면을 목격한 사람은 사고의 원인을 가려내는 데 아주 중요한 역할을 하게 된다. 요즘은 많은 곳에 CCTV가 설치되어 있긴 하지만, 여전히 CCTV로 확인할 수 없는 사각지대가 있기 때문에 목격자의 증언이 필요한 경우가 있다.

사고 장면에서 목격자가 주로 주의를 기울이는 것은 사고 상황이나 피해자의 상태 등일 것이다. 피해자의 부상 정도는 매우 중요한 정보이다. 그런데 법정에서 목격자에게 물어보는 정보는 이와는 다른 경우가 많다. 법정에서는 사고가 발생한 원인 그리고 가해자가 있다면 가해자의 모습, 옷, 체구 등에 대한 정보가 필요하다. 문제는 목격자가 그런 정보에는 주의를 기울이지 않았기 때문에 잘 기억해 내지 못한다는 것이다. 그래서 사고 상황을 직접 목격했음에도 법정에서 중요한 정보를 제대로 증언하지 못하는 경우도 많다. 이렇게 상황에 따라 중요하다고 생각하는 것이 달라질 수 있기 때문에 내가 주의를 기울이는 것만이 중요하다는 착각은 하지 않는 것이 좋겠다.

한편, 중요하다고 생각해도 어떤 일이 발생할지 정확하게 알고 있고 예측할 수 있을 때는 주의를 기울이지 않는다. 아주 간단한 사례로 확인해 보자. 초침이 움직일 때마다 소리가 나는 시계가 방 안에 있을 때 처음에는 초침의 소리가 들리다가 점점 그 소리가 들리지 않게 된다. 그 이유는 초침의 소리가 일정 간격으로 들린다는 것을 정확하게 예측하고 있기 때문이다. 물론 시계로 주의를 다시 돌리게 되면 초침 소리를 들을 수 있다. 우리의 일상생활에서도 마찬가지이다. 일상에서 발생하는 엄청나게 많은 일 중에 대부분은 정확하게 예측할 수 있기 때문에 굳이 주의를 기울일 필요가 없는 것이다.

그러나 예측하기 어려운 간격으로 제시되는 자극은 주의를 기울이지 않고 무시하기가 상당히 어렵다. 대표적인 것이 바로 스마트폰에서 울리는 다양한 종류의 알림음이다. 스마트폰에 설치된 여러 가지 앱에서 시도 때도 없이 알림을 보내고, 우리는 알림음이 울릴 때마다 스마트폰에 주의를 빼앗겨 반사적으로 확인하게 된다. 만약 알림 신호를 완벽하게 예측할 수 있다면, 아마도 더 이상 주의를 빼앗기지 않을 것이다.

인간은 멀티태스킹을 할 수 없다!

주의와 관련해 사람들이 큰 관심을 보이는 것 중 하나가 멀티태스킹이다. 동시에 두 가지 이상의 일을 수행하기 위해서는 두 가지 이상의 대상에 동시에 주의를 기울여야 한다. 누군가가 여러 가지 일을 동시에 하는 것 같은 모습을 보면 왠지 부럽기도 하고 대단하다는 생각도 든다. 그런데 그 사람은 정말로 동시에 두 일을 수행하는 걸까? 과연 인간은 멀티태스킹이 가능할까?

답을 먼저 말하자면 멀티태스킹은 불가능하다. 이건 그냥 지금 해봐도 알 수 있다. 눈앞에 두 개의 물체를 어느 정도 떨어진 상태로 놓은 다음 동시에 주의를 기울여 보자. 두 개에 동시에 주의를 기울이는 것은 불가능하다는 것을 확인할 수 있을 것이다. 다만 두 물체 사이를 빠르게 오가며 주의를 기울이는 것은 가능하다. 이걸 인지심리학에서는 선택 주의selective attention라고 한다. 멀티태스킹이 가능한 것처럼 보이는 이유는 연습 덕분이다. 연습을 많이 하게 되면 주의를 옮기는 시간이 단축되어 마치 동시에 하는 것처럼 보이기 때문이다. 그러나 그렇게 보인다는 것일 뿐 실제로 동시에 하는 것은 아니다.

선택 주의는 일상의 거의 모든 장면에서 사용된다. 지금 하고 있는 일에 맞추어 주의를 빠르게 옮겨야 할 때가 많은데, 바로 이때 선택 주의가 사용되는 것이다. 선택 주의 능력이 뛰어난 사람이 필요한 곳에 제대로 주의를 기울일 수 있다는 것은 어찌 보면 너무 당연한 일이다. 그리고 이런 능력을 제대로 측정한 덕분에 국가 간의 전쟁을 승리로 이끈 일도 있었다.

2002년 노벨 경제학상 수상자인 프린스턴대학교 심리학과 교수 대니얼 카너먼Daniel Kahneman이 이스라엘의 한 대학에서 근무할 때였다. 이스라엘 공군의 요청을 받아 공군 비행학교 교육 훈련생을 평가하게 되었다. 카너먼은 선택 주의 능력이 전투기 조종사가 가져야 할 가장 중요한 능력이라는 것을 확인하고, 이를 선발 과정에 적용했다. 공중에서 엄청나게 빠른 속도로 움직이며 벌이는 전투에서 되도록 빨리 필요한 것에 주의를 옮겨야 하는 상황을 생각해 보면, 선택 주의 능력이 중요한 것은 당연해 보인다. 꼭 이 때문만은 아니겠지만, 이스라엘군은 중동 전쟁에서 승리했다.

엄청난 응용 가능성을 가진 주의

이 외에도 다양한 장면에서 주의의 중요성을 확인할 수 있다. 대표적인 사례 중 하나가 공항에서 이루어지는 보안 검색이다. 공항에서 보안 검색을 할 때, 승객이 가지고 있는 짐을 엑스레이$^{X-ray}$ 투시기에 통과시킨다. 이때 보안 검색 요원은 아래의 사진처럼 화면에 보이는 영상을 확인하고 혹시나 있을지도 모르는 위험 물질을 찾아내야 한다.

언뜻 보기에도 상당히 복잡하고 뭐가 뭔지 알기 힘든 사진이 빠르게 지나가는 와중에 주의를 기울여 위험 물질을 찾아낸다는 것은 쉬운 일이 아니다. 그렇다고 해서 잠시라도 한눈을 팔아서 위험

■ 공항의 엑스레이 보안 검색대 화면

©위키미디어 공용(Mattes)

물질을 통과시키게 되면 그 결과는 참담할 수도 있기 때문에 엑스레이 투시 화면에 지속적으로 주의를 유지해야 한다. 그래서 보안 검색 요원이 효율적으로 주의를 유지할 수 있는 방법에 대해 많은 연구가 이루어지고 있다.

비행기나 우주선 조종사의 주의도 중요한 연구 주제 중 하나이다. 실제 미국항공우주국NASA, National Aeronautics and Space Administration의 연구소에서 수행하고 있는 가장 중요한 연구 중 하나가 '주의'이다. 아래 사진은 비행기의 조종석에 설치되어 있는 복잡한 작동 장치를 보여 준다. 자동차와는 비교도 하기 어려울 정도로 많은 장치들과 계기판이 설치되어 있는데, 조종사는 상황에 따라 필요한 곳에 주의를 기울여야 안전하게 비행기를 조종할 수 있을 것이다. 비행기가 이 정도라면 우주선은 더 말할 필요도 없겠다. 이 사진만 보더라도 나사NASA에서 주의 연구에 많은 투자를 하는 이유를 짐작할 수 있다.

▪ 복잡한 계기판과 수많은 작동 장치가 있는 비행기 조종석
ⓒ위키미디어 공용(Matti Blume)

주의와 관련된 몇 가지 사례만 간단하게 소개했지만, 이 외에도 우리의 일상에서 주의를 적용해야 하는 상황은 정말 많다. 회사에서 업무를 수행하는 것에서부터 우주선 조종까지……. 인지심리학을 공부해야 하는 이유가 하나 더 생긴 듯하다.

2장

감각과 지각: 보이는 대로 보지 않고
들리는 대로 듣지 않는 우리

"내가 봤어." 혹은 "내가 들었다니까!"와 같은 말을 누군가에게 해 본 적이 있을 것이다. 이 말의 의미는 문자 그대로 해석하면, 눈이나 귀로 자극이 들어왔을 때 그걸 감각기관이 처리해서 있는 그대로 보고 들었다는 것이다. 정말 그럴까? 게다가 가끔은 상대방도 나에게 똑같은 말을 할 때가 있는데, 흥미로운 점은 양쪽이 같은 자극을 보거나 들었을 때도 이런 일이 생긴다는 것이다. 쉽게 말해 똑같은 것을 보고 나서 서로 다르게 말하며 본인이 본 것이 맞다고 다툰다는 것이다. 분명 같은 것을 보고 들었는데 두 사람은 왜 다른 이야기를 하는 걸까? 우리는 정말 있는 그대로 보고 들은 걸까?

인지심리학에서 이 질문에 대해 답을 해 줄 수 있는 분야가 바로 감각과 지각이다. 감각은 많이 들어 봤는데, 지각은 조금 생소할 수도 있을 것이다. 지금부터 감각과 지각이 무엇인지, 그리고 왜 같은 것을 보고 다른 이야기를 하는지 알아보자.

감각과 지각

감각과 지각은 눈, 귀, 코, 입, 피부 등과 같은 감각기관으로 자극이 들어왔을 때 그 자극이 어떤 모양인지, 무엇인지, 그것으로 무엇을 할 수 있는지 등을 처리하는 과정이다. 언뜻 어렵게 들릴 수 있으니 아주 쉬운 사례로 살펴보자.

누군가 나에게 꽃을 주었다. 이때 우리의 감각기관이 어떤 일을 하는지 확인해 보자. 먼저 꽃의 윤곽, 색깔, 모양은 어떻게 알게 되는 걸까? 꽃에 반사된 빛이 눈동자를 통해 우리 눈에 들어온다. 그리고 눈 안에 있는 망막에 꽃의 이미지가 맺힌다. 이제 망막에 맺힌 이미지는 복잡한 경로를 따라 뇌로 여행을 떠나게 된다. 감각 정보의 중계 센터인 시상이라는 곳을 지나 뇌의 뒤쪽에 시각겉질이 위치한 후두엽으로 가게 된다. 시각겉질에서는 눈으로 들어온 정보의 기본적인 특징인 선, 밝기, 윤곽 등을 분석한다. 흔히 뒤통수를 맞으면 별이 보인다고 하는데, 그건 바로 후두엽에 있는 시각겉질을 자극했기 때문이다.

꽃은 눈으로 보기도 하지만 코로 향기를 맡기도 한다. 우리는 어떻게 향기를 맡을 수 있을까? 꽃에서 냄새를 유발하는 화학 물질을 공기 중에 배출하는데, 이 물질이 코로 들어오게 된다. 코로 들어온 화학 물질이 코에 있는 후각 수용기 세포를 자극하고, 이 신호가 뇌의 앞부분에 있는 냄새를 처리하는 후각겉질이라는 영역으로 전달된다.

인간의 감각 중 화학물질에 반응하는 것은 후각 이외에도 맛, 즉 미각이 있다. 그런데 냄새와 맛은 아주 밀접하게 연결되어 있으며 우리가 맛이라고 느끼는 감각의 대부분이 사실은 냄새라서, 냄새를 맡지 못하면 맛을 느끼기가 아주 힘들어진다. 게다가 냄새와 맛에 대한 감각은 뇌에서 감정과 기억을 담당하는 영역인 변연계와 연결되어 있다. 그래서 냄새를 맡거나 맛을 느낄 때 감각 그 자체를 넘어서서 다양한 감정이나 사건이 떠오르는 것이다.

이번에는 지각에 대해 알아보자. 인간의 감각기관으로 들어온 자극이 무엇인지 어떻게 알 수 있을까? 눈앞에 있는 자극이 꽃이 아니라 다른 것일 가능성은 없을까? 언뜻 너무 당연한 질문을 하는 것처럼 들릴지도 모르지만, 이것은 생각보다 꽤 어려운 작업이다. 그 이유는 외부의 자극은 3차원 물체인 반면, 인간의 망막에 맺히는 이미지는 2차원이기 때문이다. 아래 그림을 통해 그 의미를 파악해 보자.

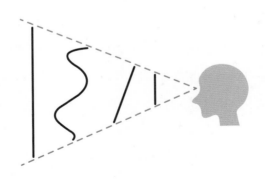

앞의 그림을 보면 네 가지 다른 자극이 있다. 그런데 그림과 같이 네 자극이 빨간 점선 안에 모두 들어오도록 각도를 정확히 맞추면, 망막에 형성되는 이미지는 똑같을 것이다. 같은 원리로 네 가지 이외에 엄청나게 많은 선을 그려 넣을 수 있다. 이처럼 3차원이 2차원으로 바뀌는 과정에서 자극을 구별하는 것이 어려워질 수 있지만, 우리는 별 어려움 없이 이를 구별해 낸다. 이렇게 무수히 많은 가능성 중에서 그것이 정확하게 무엇인지 파악하게 하는 과정이 바로 지각이다. 즉, 지각은 자극을 있는 그대로 처리하는 것이 아니라, 확률, 경험, 상황, 환경 등 여러 가지 요인을 고려해서 해석하는 과정을 말하는 것이다.

인간은 자극을 있는 그대로 처리하지 않고 해석한다

자극을 해석하기 때문에 같은 자극이 감각기관으로 들어와도 사람마다 다르게 지각하는 것이다. 그리고 이러한 해석 능력 덕분에 우리는 아주 빠르게 자극을 처리할 수 있다. 만약 우리가 모든 자극을 하나하나 있는 그대로 처리해야 한다면, 우리가 가진 처리 용량을 넘어서서 아무것도 하지 못하게 되는 지경에 이를지도 모른다. 다시 말해 있는 그대로 처리하는 방법은 효율적이지 않다는 것이다.

언뜻 이해가 가지 않을 수도 있지만 우리가 일상적으로 접하는 자극을 보면 쉽게 그 의미를 알 수 있을 것이다. 오른쪽 페이지의 사진을 살펴보자. 사진을 보자마자 하늘에 여러 개의 구름이 떠 있고, 사진의 위쪽이 아래쪽보다 더 가까이 있다고 생각할 것이다. 모양도 제각각이고 색깔도 다른 여러 개의 자극이 있지만, 우리는 그것을 하나하나 분석하지 않고 아주 빠르게 모두 구름이라고 지각한다. 어떻게 이렇게 빠르고 쉽게 구름이라고 지각하고 구름의 위치와 거리를 파악할 수 있을까?

먼저 쉽게 구름이라고 지각할 수 있는 이유부터 살펴보자. 만약 지금까지 살면서 한 번도 구름이라는 것을 본 적이 없는 사람에게 구름을 보여 주면 어떤 대답을 할까? 여러 가지 대답이 나올 수 있겠지만, 당연히 구름은 아닐 것이다. 구름을 여러 번 보았던 사람들은 어떨까? 지금까지 여러 종류의 구름을 볼 때마다 그에 대한 정보가 기억 속에 저장되었을 것이다. 그리고 그런 정보들이 합쳐져서 구름의 일반적인 모습이 기억 속에 존재하고 있어 그림을 보고 자연스럽게 구름이라고 대답하게 된다.

여기서 중요한 점이 바로 경험을 통해 정보가 저장된다는 것이다. "구름이 뭘까?"라는 질문에 대부분의 사람들이 비슷한 답을 하지만, 모든 사람의 답이 완전히 똑같지는 않다. 구름이라는 것이 그렇게 복잡한 것도 아닌데, 사람마다 답이 다른 이유는 무얼까? 그건 저마다 경험이 다르고 저장된 기억이 달라서 기억 속에 저장된 구름의 일반적인 모습도 다르기 때문이다. 그리고 이런 이유 때문에 누군가는 구름 속에서 UFO를 보기도 하는 것이다.

다음으로 구름의 위치와 거리를 어떻게 지각하는지 살펴보자. 구름이라고 지각하는 순간 그림의 배경은 하늘이라고 생각하게 된다. 그다음부터는 시각적 단서를 사용한다. 시각적 단서는 말 그대로 눈으로 들어온 자극의 지각 과정에서 사용하는 단서를 말한다. 먼저 이 그림에서 사용한 단서부터 확인해 보자. 그림의 배경이 하늘이기 때문에 그림의 가장 아래쪽이 가장 먼 쪽이 된다. 그 이유는 수평선이나 지평선을 떠올리면 쉽게 알 수 있다. 그럼 이제 그림의 위쪽으로 갈수록 점점 더 가까워진다는 것은 굳이 설명할 필요가 없을 것이다. 이렇게 우리는 쉽게 구름의 위치와 거리를 파악할 수 있다.

이외에도 상당히 많은 수의 시각적 단서가 사용된다. 겹쳐져 있는 대상을 볼 때 우리는 가린 쪽이 더 가까이, 가려진 쪽이 더 멀리 있다고 생각한다. 비행기를 타고 높이 올라갈 때 창밖으로 보이는 건물들의 이미지는 점점 작아지지만, 우리는 건물들이 작아졌다고 생각하지 않고 건물들과의 거리가 늘어났다고 생각한다. 기찻길이나 쭉 뻗은 도로를 볼 때 기차의 선로나 도로의 양 끝이 모이는 곳이 가장 먼 곳이라고 생각한다. 이렇게 우리는 다양한 종류의 단서를 적용해 거리와 위치를 지각하게 된다.

예술 작품에 적용한 지각적 특징

시각 단서와 관련하여 아주 재미있는 그림을 하나 살펴보자. 아래에 있는 그림은 초상화로 유명한 독일 화가 한스 홀바인[Hans Holbein]이 1533년 그린 〈대사들[The Ambassadors]〉이다. 그림을 처음 볼 때는 그다지 특별한 점이 보이지 않는다. 그런데 조금 더 자세히 보면 그림의 아랫부분에 사선으로 생긴 무언가를 발견할 수 있을 것이다. 하지만 아

▪ 〈대사들〉 전체   ▪ 〈대사들〉의 해골 부분

무리 들여다보아도 도대체 무엇을 그린 것인지 확인하기 어렵다.

이 그림을 정면에서 보면 아래쪽에 그린 것이 무엇인지 알아낼 수 없다. 오로지 왼쪽 아래에서 대각선 방향으로 올려다볼 때에만 어떤 그림인지 알 수 있는데, 그게 바로 오른쪽에 있는 해골 그림이다. 한스 홀바인은 죽음을 의미하는 해골을 통해 권력과 권세는 잠시일 뿐 결국 다 사라지게 된다는 의미를 전달하고 싶었다고 한다.

그림 속에 해골을 숨겨 놓은 이유도 중요하겠지만, 이를 인간의 지각 과정에 적용해 보아도 아주 흥미로운 점이 있다. 인간은 일반적으로 사용하는 시각 단서에 의존해서 그림을 보기 때문에, 특정 각도에서 해골을 볼 수 있다는 것을 인식하기 어렵다. 결국 내가 보고 싶은 대로만 보는 것이다. 그림을 이렇게 특정 각도에서만 볼 수 있게 그리는 방식을 왜상 화법anamorphosis이라고 한다. 왜상 화법은 14~15세기에 원근법이 발견되면서 생겨났고, 17세기에 회화 용어로 정착되었으며, 사람들이 비밀 메시지를 보내는 방법으로 사용했다고 알려져 있다.

이 외에도 다양한 예술 작품에 인간의 지각적 특징이 반영되어 있다. 가장 대표적인 것으로 게슈탈트 심리학Gestalt Psychology 분야에서 제시하는 지각 과정의 원리를 들 수 있다. 게슈탈트 심리학에서는 전체가 부분의 합 이상이라고 주장한다. 예를 들어 다음 페이지의 그림을 보면 자연스럽게 흰색의 역삼각형을 볼 수 있다. 그런데 흰색 역삼각형은 실제로는 존재하지 않는다. 우리는 주변의 자극

• 이탈리아 심리학자 가이타노 카니자Gaetano Kanizsa가 1955년 개발한 '카니자의 삼각형'

에 영향을 받아서 가상의 삼각형을 보고 있는 것이다. 즉, 부분으로 하나씩 떼어 내서 보면 절대로 지각할 수 없는 것이지만, 전체를 한꺼번에 모아 놓으면 그 조합으로 무언가를 볼 수 있게 된다는 것이다.

게슈탈트 심리학 이외에도 다른 여러 지각적 원리가 예술 작품에 적용되어 왔다. 이와 관련해서 루돌프 아른하임Rudolph Arnheim이 쓴 《미술과 시지각art and visual perception》[1]이나 나카야 요헤이와 후지모토 고이치의 원작을 흥미롭게 편역한 김정운 박사의 《세상을 보는 방식에 대한 보다의 심리학》[2]을 보면 흥미로운 사례를 많이 접할 수 있을 것이다.

1 — 루돌프 아른하임 지음, 김춘일 옮김, 《미술과 시지각》, 미진사, 2003.
2 — 나카야 요헤이·후지모토 고이치 편저, 김정운 편역, 《세상을 보는 방식에 대한 보다의 심리학》, 21세기북스, 2014.

상황, 환경, 맥락의 중요성

지금까지 이야기한 내용을 정리해 보면, 우리는 감각기관으로 들어온 자극을 처리할 때 주변 환경이나 상황, 맥락을 고려한다는 것이다. 그래서 같은 자극이라고 하더라도 이러한 요인에 따라 다르게 지각할 수 있다. 이와 관련하여 인지심리학에서 자주 사용하는 유명한 사례를 살펴보자.

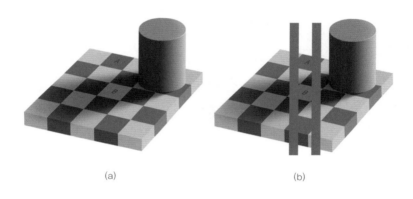

(a)   (b)

이 그림은 매사추세츠공과대학의 에드워드 애덜슨Edward Adelson 교수가 1995년 발표한 체커 그림자 착시Checker-shadow Illusion이다. 위 그림 중 (a)에서 A와 B는 같은 색이라는 것이 핵심이다. 언뜻 보아서는 A가 B보다 훨씬 어둡게 보인다. 그런데 (b)를 보면 A와 B가 같은 색이라는 것을 바로 확인할 수 있다.

대부분의 사람들은 이것을 그저 신기한 착시 현상 정도로 생각할 것이다. 그런데 착시라고 하면 우리가 무언가를 잘못 보았다거나 착각했다는 뜻으로 들린다. 정말 우리 눈이 오류를 범하고 있는 걸까? 지구에 사는 거의 모든 인간이 같은 실수를 하고 있다는 말인가? 만일 정말 그렇다면 그런 오류를 바로잡아야 하지 않을까?

체커 그림자 착시는 인간의 지각 과정에서 작용하는 밝기 항등성을 보여 주는 사례이다. 밝기 항등성은 물체에 비치는 빛의 양이 달라져도 밝기를 일정하게 지각하는 현상을 말한다. 쉽게 말해 불빛이 약한 실내에서 검은색으로 보이는 물체는 햇빛이 내리쬐는 야외에 나가서도 검은색으로 지각한다는 것이다. 너무 당연한 게 아닐까 생각할 수도 있지만, 실제로는 물체에 비치는 빛의 양이 달라지면 물체가 반사하는 빛의 양도 달라지게 된다. 햇빛이 내리쬐는 야외에서는 물체가 반사하는 빛의 양이 훨씬 더 증가하므로 불빛이 약한 실내에서 보았던 흰색 물체보다 더 많은 빛을 반사하게 된다. 즉, 물체가 반사하는 빛의 양이 달라졌음에도 밝기에 대한 우리의 지각이 일정하게 유지된다는 것이다.

밝기 항등성은 우리의 지각 과정이 주변의 환경, 상황, 맥락의 영향을 받는다는 것을 보여 주는 대표적인 사례이다. 밝기 항등성 이외에 색깔이나 모양에 대해서도 항등성이 나타나며, 이를 전체적으로 '지각 항등성'이라고 부른다. 지각 항등성은 우리가 살아가는 세상을 안정적으로 지각하기 위한 특징이다. 만약 실내에서 검은색으로 보인 물체가 야외에 나갔을 때 갑자기 흰색으로 보인다면 오히려 더 당황스럽지 않을까?

이번에는 후각의 사례를 살펴보자. 신체 내에서 지방을 형성하는 화학물질 중 카복실산^{carboxylic acid}이라는 것이 있다. 카복실산은 다양한 종류의 물질과 결합할 수 있는데, 결합하는 물질에 따라 비타민C, 식초, 아스피린 등이 되기도 한다. 그런데 여기에 냄새를 유발하는 휘발성 물질이 결합하면 아주 흥미로운 일이 벌어진다.

두 사람에게 휘발성 카복실산의 냄새를 맡게 하였다. 냄새를 맡기 전에 한 사람에게는 치즈 그림을 보여 주었고, 다른 사람에게는 지저분한 양말 그림을 보여 주었다. 그랬더니 치즈 그림을 본 사람은 즐거운 반응을 보인 반면, 양말 그림을 본 사람은 짜증스러운 반응을 보였다. 분명 같은 냄새를 맡았는데 다른 반응이 나온 이유는 무얼까? 휘발성 카복실산은 잘 숙성된 치즈 냄새에도 포함되어 있고 지저분한 양말에서 나는 냄새에도 포함되어 있는 화학물질이다. 같은 화학물질을 접했지만 이전에 본 그림으로 인해 각자 떠올린 생각이 달랐고, 그에 따라 반응이 달라진 것이다.

이 외에 청각이나 미각, 피부 감각 등에서도 주변 상황과 맥락을 고려해서 자극을 해석하는 사례가 무척이나 많다. 사실 이것은 너무나 자연스러운 현상이기도 하다. 작은 돌멩이 하나라도 상황에 따라 무기, 누름돌, 문진, 장난감 등 다양한 용도로 사용된다. 주변 상황과 맥락을 고려하지 않고 자극을 곧이곧대로 지각하고 받아들이면 오히려 필요한 일을 제대로 수행하지 못하게 될 수도 있다. 그리고 우리는 그런 사람을 보면서 답답하다고 말한다. 그렇다면 인간이 보이는 이와 같은 지각적인 특징은 주어진 환경에 잘 적응해 나가기 위해 진화적으로 얻게 된 특성일 가능성이 높다.

이제 같은 것을 본 친구와 서로 자기가 본 것이 맞다고 다투게 되는 이유를 어느 정도는 파악할 수 있을 것이다. 우리는 바깥세상을 있는 그대로 머릿속에 집어넣지 않고 우리의 경험과 상황이나 맥락에 따라 바라본다는 것을 확인하였다.

대개 고등학교 때까지 만나는 친구들은 대체로 비슷한 환경에서 비슷한 경험을 하면서 자라 왔을 확률이 높다. 그런 친구들도 같은 것을 보고 다르게 지각하는 경우가 허다하다. 이후 대학에 진학하고 사회에 진출하게 되면 지금까지 다른 환경에서 너무나도 다른 경험을 하며 살아온 사람을 만나게 된다. 그렇다면 그 사람과 나의 지각 경험이나 생각은 당연히 다르지 않을까? 그런데 우리는 생각이 다른 것을 인정하기보다는 그 생각의 문제점이나 허점을 파악하려고 애쓰는 경우가 많다. 이제 생각이 다른 사람을 만나면 불편해하거나 배척할 것이 아니라 그 사람이 살아온 환경과 그의 경험을 먼저 살펴보기로 하자.

3장

의지:
마음의 근육

"이 세상의 그 어떤 것도 의지를 대신할 수 없다Nothing in this world can take the place of persistence."

미국의 30대 대통령 캘빈 쿨리지John Calvin Coolidge Jr.가 한 말이다. 독자들은 아마도 너무 당연한 말이 아닌가 생각할 것이다. 쿨리지 외에도 의지를 강조한 사람은 손에 꼽을 수 없을 정도로 많다. 더구나 인간을 인간답게 만드는 것이 의지력이라는 말까지 듣다 보면, 의지가 없으면 인간으로서 퍽 부족한 것 같은 느낌이 들 정도이다. 게다가 우리나라에서는 부모님부터 시작해서 선생님과 선배, 직장 상사에 이르기까지 모두 의지에 대해서는 한마음 한뜻인 것처럼, 의지가 있으면 무엇이든 할 수 있다고 말한다.

도대체 의지가 무엇이기에 인간을 인간답게 만드는 역할까지 하는 것일까? 인지심리학에서도 의지에 대해 오래전부터 관심을 가져 왔으며, 의지가 무엇인지 밝히려고 다양한 방법으로 노력해 왔다. 그러한 노력의 출발점으로 평가받고 있는 유명한 연구에서부터 이야기를 시작해 보자.

의지력이 성공을 보장할까?

1970년대에 미국 스탠퍼드대학교 심리학과의 월터 미셸Walter Mischel 교수 연구팀은 마시멜로 실험을 진행하였다. 실험은 간단하다. 4~6세 정도의 아이들에게 마시멜로 하나를 주면서 지금 먹어도 되지만 선생님이 돌아올 때까지 15분 정도를 기다리면 하나를 더 주겠다고 알려 준다. 즉, 지금 당장 먹고 싶은 욕구를 충족할 수도 있고, 현재의 만족을 조금 지연시켜서 더 큰 보상을 얻을 수도 있는 상황에서 아이들이 어떤 선택을 하는지 살펴본 것이다.

맛있는 음식을 앞에 두고 먹지 않고 기다리는 것은 성인에게도 무척 힘든 일이다. 결과를 보면 실험에 참여한 아이들도 비슷한 모습을 보였으며, 아예 마시멜로를 생각하지 않으려고 했다고 응답한 아이도 있었다. 이 실험은 이후에 진행된 후속 연구 결과 덕분에 '스탠퍼드 마시멜로 실험'으로 유명해졌다.

후속 연구란 실험에 참여했던 아이들이 15년 후에 어떻게 성장했는지 추적 조사한 것이다. 그 결과 15분을 기다렸던 아이들과 그렇지 않은 아이들 사이에 중요한 차이점을 발견하였다. 15분을 기다렸던 아이들이 삶의 만족도, 학업 성취도, 수학능력시험 점수, 심지어 체질량지수$^{Body Mass Index}$에서도 더 나은 결과를 보였다. 연구자들은 이 차이가 스스로를 제어하는 능력, 즉 자기 통제력 혹은 의지력의 차이에서 기인한다고 주장하였다.

결과가 발표되자 많은 사람이 관심을 보였고, 특히 어린아이를 키우는 부모들의 관심이 매우 높았다. 이들은 어렸을 때부터 의지력 있는 아이로 키워야 성공하게 만들 수 있다는 식으로 결과를 해석했고, 당연히 의지력에 대한 관심이 엄청나게 높아졌다. 의지력이 있으면 인생의 성공을 보장한다는데 관심을 가지지 않을 부모가 있을까?

그런데 자세히 살펴보니 많은 사람들이 놓치는 점이 있었다. 추적조사에서 좋은 결과를 보인 아이들은 부모의 사회적·경제적인 상태가 비교적 더 좋은 편이었고, 이전에 부모나 교사에게서 기다리는 방법을 배운 적이 있는 아이들이 더 오래 기다릴 수 있었다. 이제 실험 결과를 단순히 아이들의 의지력만으로 해석하기는 어려워 보인다. 그보다는 아이들에게 기다리는 법을 알려 주고 좋은 환경을 제공해 주는 것이 상당히 중요하다고 보는 게 맞지 않을까? 그리고 의지력이라는 것이 도대체 무엇인지에 대해서도 살펴보아야 할 것이다.

체력이 있어야 의지력이 생긴다

흔히 의지력을 정신력이라고 말한다. 그런데 정신력이라는 게 도대체 무엇일까? 이를 확인하기 위해 플로리다주립대학교 심리학과 교수 로이 바우마이스터[Roy Baumeister]는 아주 흥미로운 실험을 진행했다.[3] 바우마이스터 교수는 실험에 참여하는 대학생들을 늦은 오후에 실험실에 오게 하였다. 단 조건이 있었는데, 점심을 굶고 오는 것이었다. 배가 고픈 채로 실험실에 온 대학생을 두 그룹으로 나누어, 한쪽에는 갓 구운 초콜릿 쿠키를 주고 다른 쪽에는 아주 쓴맛이 나는 무를 준 다음 원하는 만큼 먹게 하였다. 예상대로 초콜릿 쿠키를 받은 그룹의 학생들은 맛있게 먹었고 무를 받은 학생들은 대부분 입맛만 다시고 먹지 않았다.

이제 음식을 치운 다음 모두에게 정답이 없는 아주 어려운 문제를 풀게 하였다. 정답이 없기 때문에 일찍 풀고 나갈 수는 없었다. 바우마이스터 교수는 학생들이 문제를 풀기 위해 버티는 시간을 측정하였고, 결과는 예상한 대로였다. 초콜릿 쿠키를 받은 학생들이 무를 받은 학생들보다 훨씬 더 오랫동안 버틴 것이다. 이 결과를 과연 흔히 말하는 정신력으로 해석할 수 있을까? 두 집단 사이에 서로 다른 결과를 만든 것은 이들에게 남아 있는 에너지의 차이였을 것이다. 초

---

3 — 바우마이스터 교수가 쓴 《의지력의 재발견[Willpower]》(로이 F. 바우마이스터, 존 티어니 지음, 이덕임 옮김, 에코리브르, 2012)에서 의지력과 관련된 흥미로운 이야기를 많이 확인할 수 있다.

콜릿 쿠키를 받은 학생들은 꽤 오랜 시간 버틸 만큼 에너지가 충분했지만, 무를 받은 학생들은 에너지가 남아 있지 않아 버티지 못하고 일찍 나간 것이다.

결국 무언가를 해내기 위해서는 충분한 에너지가 있어야 한다. 바우마이스터 교수는 이를 '의지력 고갈의 법칙'이라고 부른다. 의지력은 자동차의 연료 탱크와 비슷해서 에너지를 충분히 채워 넣지 않으면 제대로 작동하지 않는다는 것이다. 그래서 에너지가 고갈되면 마음으로는 아무리 하고 싶어도 실제로는 아무것도 할 수가 없게 된다.

의지력은 결국 체력이다. 정신력만 있으면 모든 게 가능하다는, 그래서 무엇이든지 마음만 먹으면 다 할 수 있다는 착각에서 벗어나야 한다. 축구 경기 중계를 보다 보면 이런 착각을 자주 접한다. 후반 30분 정도가 지나면 선수들의 체력이 많이 떨어지게 되는데, 이때 해설자가 지금이 바로 정신력과 의지력이 필요한 때라고 말하곤 한다. 하지만 실은 이렇게 지치고 힘든 때야말로 정신력이 아니라 체력이 있는 선수가 실력을 발휘하게 된다. 그래서 평소에 더 많은 체력 훈련이 필요한 것이다.

의지력은 마음의 근육이다. 체력을 키우기 위해 운동을 하는 것처럼, 마음의 근육인 의지력을 키우기 위해서도 운동을 해야 한다. 방법은 다르지 않다. 운동을 시작할 때 쉬운 운동부터 차근차근 시도해 나가는 것처럼 마음 근육 운동도 작은 생각이나 행동에 대한 연습부터 하나하나 해 나가야 한다. 처음부터 무리하게 시도하면 몸을 다치는 것처럼 마음도 다칠 수 있다.

새해를 맞이할 때마다 사람들은 다이어트나 금연 등 계획을 세우고 의지를 다진다. 그런데 작심삼일이라는 말이 있는 것을 보면, 그 계획을 성공적으로 지키는 사람은 그렇게 많지 않은 것 같다. 왜 이렇게 계획을 지키기 어려울까? 사람들의 의지력이 그렇게 약한 걸까?

계획을 지키지 못하는 그 순간을 생각해 보면 쉽게 답을 알 수 있다. 다이어트를 결심한 사람이 음식 조절을 해 나가기 위해서는, 건강에 별로 도움이 되지 않는 음식을 보거나 먹고 싶은 생각이 들 때마다 열심히 욕구를 억제해야 한다. 이렇게 욕구를 억제하는 데 상당한 에너지가 든다. 에너지를 충분히 채워 놓았다면 먹고 싶은 욕구를 참아 낼 수 있겠지만, 에너지가 고갈되었다면 과연 참을 수 있을까? 돌이켜 생각해 보면 집이나 학교, 직장 등에서 여러 가지 이유로 스트레스를 받은 날 다이어트 결심을 지키지 못하곤 했을 것이다. 스트레스를 받게 되면 그걸 감당하거나 해결하기 위해 상당히 많은 에너지를 사용하게 되고, 그렇게 되면 의지력의 연료 탱크에 남아 있는 의지가 별로 없기 때문이다. 바로 그날, 다이어트는 실패할 가능성이 높다.

의지력이 필요한 일은 하나씩 하자

이제 의지력을 발휘하기 위해서는 에너지가 중요하다는 것을 확인했다. 바꾸어 말하면 에너지가 많이 소모되는 일을 하게 되면 의지력이 감소한다는 의미이기도 하다. 그렇다면 에너지를 많이 소모하는 일은 어떤 것이 있을까? 대표적으로 중요한 결정과 스트레스를 들 수 있다.

살아가다 보면 중요한 결정을 해야 할 때가 있다. 그럴 때는 여러 가지 요소를 고려하고 고민해야 하기 때문에 머리를 많이 쓰게 된다. 다르게 말하면 에너지를 많이 소모하는 것이다. 그래서 결정을 하고 나면 지칠 수밖에 없다. 그렇다면 중요한 결정을 하기 전에 충분히 쉬어서 에너지를 보충해 두는 게 좋을 것이다. 중요한 시험이나 면접을 앞두고도 마찬가지이다. 또한 중요한 결정을 연이어서 하는 것은 피해야 한다. 이미 상당히 지친 상태에서 다시 에너지를 많이 소모하는 결정을 해야 한다면 좋은 결정을 하기가 어려울 테니 말이다.

이와 관련해 매우 흥미로운 연구가 있다. 이스라엘에서 가석방 심사를 진행하는 판사를 대상으로 연구를 진행하였다. 가석방 심사는 대상자가 사회에 나갔을 때 다시 이전과 같은 범죄를 저지를 가능성이 낮다는 확신이 있어야 허가해 줄 수가 있다. 그래서 판사는 여러 요소를 종합적으로 고려하여 판단해야 한다. 즉, 가석방 심사는 에너지를 많이 소모하는 작업인 것이다.

연구 결과가 매우 흥미로운데, 대상자의 신상 정보와 범죄 경력, 수감 기간 이외에도 심사 시간이 허가 여부에 영향을 주었다. 오전이나 오후 일찍 심사를 받은 대상자는 허가를 받을 가능성이 높은 반면, 오후 늦게 심사를 받게 되면 허가를 받을 가능성이 낮았다. 이 결과는 무엇을 의미할까? 휴식과 식사로 에너지를 보충한 뒤 진행한 심사에서는 판사가 여러 요인을 고려하여 깊게 생각하는 경향이 있었으나, 에너지를 많이 소모한 상태에서는 깊이 고민하지 않고 단편적인 정보만을 보고 결정하는 경향이 있었다는 것이다. 결국 의지력이 바닥나면 마음과는 달리 무언가를 하기가 쉽지 않다.

아인슈타인은 매번 회색 양복을 입었고, 애플의 스티브 잡스는 항상 검정 터틀넥 스웨터를 입었으며, 페이스북의 마크 저커버그는 늘 회색 티셔츠를 입는다. 이들이 그런 옷을 특별히 좋아해서 입은 것은 분명 아니다. 아침에 일어나서 입고 나갈 옷을 고르는 데도 에너지를 소모하기 때문에, 자신이 가지고 있는 한정된 에너지를 옷 고르기에 쓰고 싶지 않았던 것이다.

스트레스는 말할 것도 없다. 일반적으로 우리 삶은 일상적인 일로 채워져 있다. 다시 말해 예상한 시간에 예상한 일이 일어난다. 그리고 우리는 이러한 일상을 소화할 정도의 에너지를 축적하고 있다. 하지만 스트레스를 유발하는 사건은 이와는 정반대이다. 예상하지 못한 시점에 예상하기 어려운 일이 발생한다. 그러면 우리는 그 사건에 대처하기 위해 상당한 에너지를 소모하게 되며, 이로 인해 일상을 견딜 수 있는 에너지가 부족해지게 된다. 스트레스를 겪은 날, 우리의 일상이 어그러지고 계획했던 일을 하지 못하는 것은 바로 이런 에너지 부족 때문인 것이다.

의지력을 지속할 수 있는 힘, 습관

독일의 하이델베르크에 가면 '철학자의 길'이라는 산책로가 있다. 그 유래가 명확하지는 않지만, 칸트의 산책로에 붙인 이름이라고 알려져 있다. 칸트는 항상 일정한 시간에 마을을 산책하는 것으로 유명했는데, 심지어 마을 사람들이 칸트의 모습이 보이면 시계를 맞추었다는 유명한 일화도 있다.

이렇게 항상 일정한 시간에 정해진 일을 하는 사람을 보면 우리는 의지가 대단한 사람이라고 생각한다. 이런 대단한 의지력은 타고나는 것일까? 아니면 단지 습관인 걸까? 만일 타고난 것이라면 쉽게 따라 할 수 없겠지만, 습관이라면 누구나 습관 들이기에 따라서 대단한 의지력을 갖출 수도 있을 것이다.

가령 평소에 아침 7시에 일어나는 사람이 다음 날 6시에 일어나야 하는 상황이 되었다고 가정해 보자. 이 사람은 아마도 마음의 준비를 단단히 하고 알람 시계를 여러 개 맞추어 놓고 잠자리에 들 것이다. 다음 날 아침 6시에 성공적으로 일어나더라도 왠지 모르게 하루 종일 피곤한 느낌이 들 것이다. 왜 그럴까? 답은 간단하다. 평소에 하지 않던 새로운 행동을 하기 위해서는 많은 에너지가 필요하기 때문이다. 특히 갑작스럽게 일정하게 절제된 행동을 해야 한다면 엄청난 에너지가 필요한 것은 당연하다.

그렇다면 항상 6시에 일어나는 사람이라면 어떨까? 이 사람에게는 6시에 일어나는 것이 특별한 행동이 아닌 일상적인 일이기 때문에 그저 자연스럽게 시간에 맞추어 일어나면 된다. 그러니까 항상 일정한 시간에 마을을 산책하던 칸트도 그저 습관적인 행동을 한 것일 뿐, 특별한 의지력을 가지고 한 일은 아니었던 것이다.

엄청난 업적을 남긴 다른 위인들도 마찬가지이다. 베토벤, 모차르트, 프로이트, 다윈 등 다른 위인들 역시 정해진 시간에 정해진 일을 하며 하루를 보냈다. 특별한 수준의 의지력이 아닌 습관의 힘을 이용해 자신만의 창의적 일상을 만들어 놓았던 것이다. 이렇게 습관을 만들어 놓았을 때의 가장 큰 장점은 에너지를 거의 소모하지 않는다는 것이다. 그래서 정해진 시간에 필요한 에너지를 모두 사용할 수가 있다. 그 덕분에 같은 에너지를 가지고도 훨씬 더 효율적이고 효과적으로 사용할 수 있었을 것이고, 위대한 업적을 남길 수 있었을 것이다.

습관은 한 번에 형성되지 않는다. 굉장히 절제된 행동은 한 번에 습관으로 만들 수 없다. 그리고 습관은 작은 행동에서 시작된다. 작은 행동 하나하나를 차곡차곡 모아 가다 보면 자신도 모르게 위인들과 같은 창의적 일상을 꾸려 나갈 수 있을 것이다. 아리스토텔레스는 인간의 탁월함이 습관에서 나온다고 말할 정도로 습관을 강조했다. 의지력은 정신력이라는 오해를 벗어나 자신만의 마음 근육을 키우게 되면 누구보다 강한 의지력을 가진 사람이 될 수 있을 것이다.

4장

움직임:
인간만의 복잡하고 뛰어난 특성

　인간은 다른 동물에 비해 여러 가지 측면에서 열등하다. 그런데 역설적으로 인간은 지구를 지배하고 있다. 그렇다면 이 상황을 설명할 수 있는 인간의 뛰어난 특징이 있어야 할 것이다. 과연 무얼까? 인간의 감각은 다른 동물에 비해 절대로 뛰어나지 않다. 인간의 여러 감각 중 가장 많은 정보를 받아들이는 시각만 보더라도, 인간보다 더 멀리까지 볼 수 있는 동물이 있다. 심지어 인간이 보지 못하는 자외선이나 적외선 파장을 처리할 수 있는 동물도 있다. 나머지 감각은 말할 것도 없다. 청각이나 후각, 미각 등에서 인간보다 뛰어난 능력을 보여 주는 동물을 쉽게 찾을 수 있다.

　인간의 신체적인 조건이나 운동 능력도 그다지 뛰어나다고 볼 수는 없다. 팔과 다리의 근육만 보아도 인간보다 뛰어난 동물을 쉽게 찾을 수 있으며, 달리기나 뛰어오르기 등 운동 능력도 마찬가지이다. 그러다 보니 인류가 맹수와 직접 대결을 벌여 이기는 것은 거의 불가능했을 것이다. 진화적으로 볼 때 초기 인류는 맹수가 먹고 남긴 고기나 내장을 먹었다고 알려져 있다.

이렇게 개별적인 측면으로 보면 인간이 다른 동물에 비해 열등해 보인다. 그러나 각각의 요소를 통합한 결과물인 움직임은 사뭇 다르다. 특히 인간은 다른 존재와는 비교가 불가능할 정도로 정교한 움직임을 아주 자연스럽게 그리고 매우 효율적으로 구현한다. 수십 장이 겹쳐진 종이 뭉치에서 단 한 장만 빼내면서도 그 뭉치를 흐트러뜨리지 않을 수 있다. 얇은 젓가락을 사용해 맛있게 양념한 깻잎 한 장을 분리해 내고, 눈을 크게 떠야 겨우 보이는 바늘구멍에 가느다란 실을 꿰어 낸다. 이는 머릿속에서 그리는 행위를 구현하기 위해 인간이 여러 측면을 통합하는 능력을 가지고 있기 때문이다.

이와 관련해 케임브리지대학의 신경과학과 교수 대니얼 월퍼트 Daniel Wolpert는 인간이 뇌를 가진 이유가 상황과 과제에 적합하고 정교한 움직임을 만들어 내기 위해서라고 주장한다. 그는 아주 흥미로운 사례로 뇌의 존재 이유를 설명한다. 예를 들어, 멍게와 같은 단순 동물은 유생일 때 헤엄을 치다가 일정 시기가 지난 뒤 바위에 들러붙게 된다. 그리고 나면 더 이상 움직일 필요가 없어져 자신의 뇌와 신경계를 분해해서 섭취한다. 즉, 존재할 이유가 사라진 뇌는 굳이 보존할 필요가 없게 된다는 것이다.

인공지능도 따라올 수 없는 인간의 움직임

최근 우리는 놀라운 속도로 발전하는 인공지능을 보면서 약간의 두려움을 느끼기도 한다. 인공지능이 내놓는 놀라운 업적도 그렇지만 엄청난 속도로 발전하는 모습 때문에 긴장감이 더 커진다. 2016년 열린 이세돌 9단과 알파고 간의 대결은 전 세계인들을 놀라게 한 대표적인 사건이었다. 그런데 알파고는 바둑의 수 싸움에서 이긴 것이지 실제 바둑을 둔 것은 아니다. 바둑돌을 놓는 행동은 무척 단순해 보이지만 사실 상당히 어려운 작업이다. 바둑에서는 상대방의 수에 따라 매번 돌을 놓는 위치가 달라지고 그 위치를 정확하게 예상하기 어렵다. 다시 말해 알파고가 계산을 넘어서서 일부 전략적인 판단까지도 할 수 있었지만, 바둑돌을 바둑판에 두는 그 간단한 행동은 하지 못했다는 것이다. 알파고 이후 훨씬 개선된 버전인 알파제로도 마찬가지이다. 어린아이들도 어려움 없이 할 수 있는 단순한 일을 최고 수준의 인공지능이나 로봇은 하지 못한다. 그리고 당분간, 아니 꽤 오랜 시간 동안 인간을 따라잡기는 쉽지 않아 보인다.

우리 눈에는 너무나 단순하고 쉬워 보이는 이런 행동을 인공지능으로 무장한 로봇이 해내지 못하는 이유는 무얼까? 그건 바로 다양한 요소를 통합하여 이루어지는 인간의 움직임이 그만큼 정교하고 복잡한 작업이기 때문이다. 흔히 손재주dexterity라고 부르는 것을 알고 리즘으로 표현할 수 있을지는 모르지만, 실제 행동에 옮기는 것은 완전히 다른 문제이다.

손가락으로 바둑돌을 집어서 원하는 위치에 놓는 것이 얼마나 어려운 작업인지 확인해 보기 위해 이를 자세히 분석해 보자. 이 움직임을 수행하기 위해서는 2개의 손가락과 손목, 팔꿈치, 어깨 관절이 조화롭게 움직여야 한다. 아주 단순하게 계산해 보자. 손가락에는 3개의 관절이 위·아래로 움직이고, 손목, 팔꿈치, 어깨 관절은 위·아래, 좌·우로 움직인다. 이를 토대로 경우의 수를 계산해 보자. 손가락 관절은 위·아래로만 움직이므로 2개의 경우의 수가 발생하고 손목, 팔꿈치, 어깨는 위·아래와 좌·우로 움직이므로 4개의 경우의 수(2x2)가 발생한다. 이를 모두 합하면 2의 9제곱, 즉 512라는 경우의 수가 발생한다. 게다가 인간의 움직임이 3차원 공간에서 이루어진다는 점을 고려하면, x, y, z 축을 기준으로 8가지 방향(2x2x2)이 추가되어 그 수가 2의 12제곱, 즉 4,096으로 늘어난다. 이 숫자는 3차원 공간에서 이동하지 않은 상태를 가정했을 때의 숫자에 불과하며, 실시간으로 이동하는 상황을 고려한다면 슈퍼컴퓨터도 계산하지 못할 정도의 엄청난 숫자로 증가할 것이다.

러시아의 신경생리학자 니콜라이 베른시테인Nikolai Bernstein은 이를 자유도degrees of freedom 문제라고 불렀다. 자유도란 주어진 조건 하에서 자유롭게 변화할 수 있는 경우의 수로, 베른시테인이 말한 자유도는 움직임을 구성하는 개별 요소가 가진 자유도를 모두 통합하는 개념이다. 예를 들어 손목 관절의 자유도는 2(위·아래) × 2(좌·우)로 4가 된다. 하나의 움직임을 구성하는 모든 요소의 자유도를 곱하면 해당 움직임의 자유도를 구할 수 있는데, 그 수가 너무 커서 쉽게 처리할 수

• 손가락과 손목, 팔꿈치, 어깨 관절을 모두 사용해야 하는 젓가락질

• 손가락을 끼우는 링이 달려 있는 유아용 젓가락

있는 수준을 넘어선다는 것이 바로 자유도 문제이다.

이제 젓가락질이 어려운 이유를 짐작할 수 있을 것이다. 왼쪽 사진에서 볼 수 있듯이, 젓가락질을 하기 위해서는 새끼손가락을 제외한 모든 손가락과 손목, 팔꿈치, 어깨 관절을 사용해야 한다. 그다지 특별해 보이지 않는 움직임도 사실 이렇게 복잡하다. 게다가 사용해야 하는 신체의 구성 요소가 증가할수록 그 복잡성은 상상하기 어려울 정도로 커진다. 즉, 자유도가 기하급수적으로 증가한다는 말이다. 게다가 인간의 움직임은 실시간으로 변화하는 3차원의 공간에서 이루어지므로 단순히 정지 상태에서의 자유도를 계산하는 것만으로는 실제와 같은 움직임을 구현하기가 불가능하다. 그래서 아주 단순한 움직임을 제외하고는 인공지능으로 무장한 로봇조차 인간의 움직임을 따라올 수 없는 것이다.

그렇다면 인간은 어떻게 이렇게 어려운 일을 해내는 것일까? 그러니까 엄청난 수준의 자유도를 해결하는 방법이 과연 무얼까? 이와 관련해 니콜라이 베른시테인은 인간이 움직임의 구성 요소를 마치

얼어붙는 것처럼 굳게 만드는 방식으로 해결한다고 제안했다. 사진에 있는 유아용 젓가락을 보면 쉽게 이해할 수 있을 것이다. 엄지, 검지, 중지를 각각의 링에 끼우면 각 손가락은 굳은 상태가 되고, 손바닥과 손가락을 이어 주는 관절만 움직이면 젓가락질을 할 수 있게 된다. 이렇게 구성 요소의 대부분을 굳은 상태로 만들게 되면 자유도가 낮아지고 훨씬 더 단순한 움직임으로 바꿀 수 있다. 이렇게 해서 하나의 관절 사용이 익숙해지면 자연스럽게 다른 관절을 굳은 상태에서 풀어 주면서 점차 젓가락질을 완성해 가는 것이다.

이런 움직임의 원리는 비단 어린아이들에게만 적용되는 것이 아니다. 질병이나 상해로 신체의 일부 기능에 제약을 겪게 되면 신체 기능을 회복하기 위해 재활 치료를 받게 되는데, 이때도 베른시테인이 제시한 대로 자유도 문제를 해결하게 된다. 예를 들어, 걷기 재활을 하는 모습을 관찰해 보면 전체적으로 어색한 느낌이 드는데, 그 이유는 걷기에 필요한 최소한의 구성 요소 이외의 다른 요소가 굳은 상태로 걷기 때문이다. 이후 재활이 진행되면서 자연스럽게 다른 요소도 같이 움직이면서 일반적인 모습으로 돌아가게 된다.

인간의 움직임을 가능하게 하는 리듬

바둑돌을 놓거나 젓가락질을 하는 것은 하나로 연결되어 있는 신체의 일부분으로 이루어지는 움직임이다. 그런데 인간의 움직임은 신체의 여러 부분이 조화를 이루어야 하는 것이 대부분이다. 위에서 언급한 걷기가 대표적인 사례이다. 우리가 균형을 잃지 않고 걸으려면 양팔과 양다리, 몸통과 머리가 조화를 이루어야 한다. 그런데 신체의 여러 부분이 조화를 이룬다는 것이 생각처럼 쉬운 일이 아니다. 지금 오른손으로 머리를 두드리며 왼손으로 배를 쓰다듬어 보자. 생각만큼 쉽지 않을 것이다. 아마 양손 모두 머리와 배를 두드리거나 혹은 쓰다듬고 있을 것이다. 그렇다면 오른발로 시계 방향의 원을 그리면서 오른손으로 숫자 6을 써 보자. 이번에도 손과 발 모두 시계 방향으로 혹은 반시계 방향으로 움직이고 있을 것이다. 하나씩 수행해 보면 매우 쉬운 움직임이지만, 동시에 수행하려면 결코 쉽게 할 수가 없다.

신체의 여러 부분이 조화를 이루기 위해서는 그걸 가능하게 하는 무언가가 있어야 하는데, 그중 가장 대표적인 것이 바로 리듬이다. 실제로 인간의 거의 모든 움직임은 리듬으로 표현할 수 있다. 걷기와 같은 비교적 복잡하지 않은 움직임부터 테니스나 골프 같은 운동과 피아노나 드럼 같은 악기 연주에 이르기까지 모두 리듬에 기반한 움직임이라고 할 수 있다.

먼저 걷기를 살펴보면, 왼팔-오른다리와 오른팔-왼다리가 앞뒤로 번갈아 가며 리듬에 맞추어 움직인다. (균형 유지를 위해 각기 반대쪽 팔과 다리가 짝지어져 있다.) 이를 숫자로 표현해 보면 1:1 리듬이라고 할 수 있다. 팔과 다리가 리듬에 맞추어 정반대로 움직이면 되기 때문에 리듬을 맞추기가 비교적 쉬운 편이다.

테니스나 골프와 같은 운동은 어떨까? 이렇게 라켓을 들고 하는 운동을 자세히 살펴보면 상체와 하체가 적절한 리듬에 맞추어 움직이는 것을 확인할 수 있다. 예를 들어 골프 스윙을 보면, 상체로 이루어지는 3박자의 리듬(백스윙-다운스윙-팔로우스루)과 하체로 이루어지는 2박자의 리듬(무게 중심의 전-후 이동)이 조화를 이루어야 한다. 골프 스윙은 상체와 하체의 리듬이 3:2여서, 걷기와 같은 단순한 리듬에 비해 조화롭게 구현하기가 훨씬 더 어렵다. 상·하체의 리듬이 조화를 이루지 못하면 스윙을 제대로 구사하기 어려워진다. 이는 골프뿐만 아니라 테니스나 야구 등 라켓을 이용하는 다른 운동에서도 마찬가지이다. 각각의 운동에서 핵심적인 리듬을 제대로 이해하지 못하면 원하는 스윙을 구사하는 것은 불가능하다.

드럼 연주는 말할 것도 없다. 연주자는 손과 발로 리듬에 맞추어 드럼을 연주해야 하는데, 각각의 리듬이 정말 복잡하다. 그러다 보니 손과 발의 리듬을 조화롭게 맞추기 어렵고, 조금만 어긋나도 연주는 바로 엉망이 된다. 그런데 악기 연주에서 흥미로운 점은 여러 명의 연주자가 리듬을 맞추기도 한다는 것이다. 심지어 오케스트라에서는 수십 명의 연주자가 리듬에 맞추어 연주를 진행한다. 더 놀라운 것은 연주 도중 자신의 리듬이 전체 연주와 맞지 않다고 생각되면 재빠르게 움직임을 수정하여 전체의 리듬에 맞추어 나가는 것이다. 이처럼 다른 사람과 리듬을 맞추려는 생각을 할 수 있다는 것은 인간이 사회라는 울타리 안에서 조화롭게 살아갈 수 있게 해 주는 한 측면이기도 하다.

감각과 움직임의 상호작용

지금까지 움직임 자체의 어려움과 신체 구성 요소 간의 상호작용에 대해서 살펴보았다. 그런데 움직임을 구현하기 위해서는 감각의 도움도 필수적이다. 감각과 움직임이 서로 밀접하게 연결되어 있기 때문이다. 언뜻 이해가 가지 않을 수도 있지만, 일상적인 움직임을 조금만 들여다보면 쉽게 그 의미를 이해할 수 있다.

예를 들어, 종이컵에 담긴 음료를 마시는 움직임을 생각해 보자. 우리는 너무나 자연스럽게 컵을 손으로 잡아 들고 입으로 향하게 한다. 여기서 중요한 점은 종이컵에 들어 있는 음료의 종류와 양에 따라서 종이컵을 잡는 압력이 달라져야 한다는 것이다. 그러지 않으면 종이컵은 쉽게 우그러지고 만다. 그런데 인간은 어떻게 종이컵을 우그러뜨리지 않고 잡을 수 있을까?

언뜻 생각해 볼 수 있는 방법은 눈으로 음료의 종류와 양을 확인한 다음 적절한 압력으로 잡는 것이다. 그러나 눈으로도 차이를 구별하기 어려운 사례는 수도 없이 많기 때문에 안전한 방법이라고 볼 수는 없다. 여기서 도움을 주는 것이 바로 감각이다. 즉, 컵을 잡을 때 손가락이나 손바닥의 감각이 실시간으로 필요한 정보를 수집하여 적절한 압력을 가할 수 있게 도와주는 것이다. 그래서 음료를 마시는 동안 컵에 담긴 음료의 양이 줄어들어도 그에 맞게 자연스럽게 압력을 조절할 수 있다.

감각과 움직임의 상호작용은 멀리 떨어져 있는 구성 요소 간에도 발생한다. 피아노를 연주하는 상황을 생각해 보자. 먼저 건반을 누를 때 위에서 언급한 대로 손가락의 감각과 움직임이 상호작용하게 된다. 그리고 연주 도중 피아노 아래쪽에 부착된 페달을 눌러 음량이나 음색을 조절할 수 있다. 이때는 발바닥의 감각 정보와 손가락의 움직임이 실시간으로 상호작용하게 된다.

이와 관련한 대표적인 연구로 에든버러대학교의 데이비드 리David Lee와 에릭 애론슨Eric Aronson이 수행한 그네 방 실험moving room experiment을 들 수 있다. 아래 그림으로 이들의 실험 장면을 확인해 보자. 참가자는 고정되어 있는 바닥에 가만히 선 채로 정면을 응시하고 있고, 참가자의 주변을 둘러싸고 있는 벽은 실험자가 앞뒤로 움직일 수 있다. 물론 참가자는 그런 사실을 알지 못한다. 이제 실험자가 벽을 앞 혹은 뒤로 움직일 때 참가자는 균형을 잡고 잘 서 있을 수 있을까?

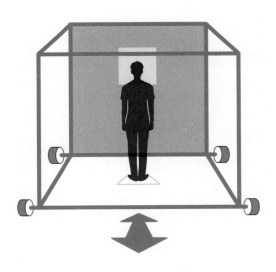

결과를 보면 참가자 대부분이 최소한 휘청거렸고, 중심을 잃고 넘어진 사람도 있었다. 바닥이 고정되어 있는데도 균형을 잃고 넘어지는 결과가 이해되지 않을 수도 있다. 그렇게 생각한다면 감각과의 상호작용을 놓친 것이다. 우리가 중심을 잡고 서 있을 수 있는 이유는 신체가 균형을 유지하려는 움직임과 눈으로 받아들이는 시각 정보가 적절히 상호작용하고 있기 때문이다.

한 걸음 더 나아가 보면, 우리는 자신의 움직임뿐만 아니라 다른 사람의 감각 및 움직임과도 상호작용을 하게 된다. 대표적인 사례가 악수이다. 악수를 하기 위해서는 암묵적으로 약속한 위치로 손을 움직여야 하며, 손을 잡는 순간에는 상대방이 가하는 손의 압력에 따라 내 손의 압력을 적절히 조절해야 한다. 그렇게 하지 않으면 악수는 더 이상 호의의 표현이 아니라 적대감의 표출이 될지도 모른다.

뇌와 신체와 세상의 대화

이제 시선을 조금 더 넓혀 보자. 움직임은 빠르게 변화하는 환경 안에서 이루어지는 것이다. 그래서 감각과의 상호작용을 넘어서서 이제 세상과의 상호작용이 필요하다. 인간의 뇌가 신체 기관에 명령을 내리면 우리 몸이 단순히 그대로 명령을 수행하는 것이 아니라, 역동적으로 변화하는 세상 안에서 실시간으로 소통하며 구현하는 것이 바로 인간의 움직임이라는 것이다.

우리가 살아가는 환경 안에서 오로지 나만 움직이는 경우는 없다. 혼자 있는 공간이라고 해도 바람이 불고 구름이 움직이며 배경이 지속적으로 변화한다. 그래서 환경과의 상호작용이 제대로 이루어지지 않으면 움직임을 구현하는 것은 불가능하다. 그런데 환경을 구성하는 요소와 그 변화가 주는 정보의 양은 상상할 수 없을 정도로 방대하기 때문에, 모든 요소의 변화량을 일일이 계산해서 판단할 수는 없다. 그래서 인간은 오히려 환경을 이용하는 방법으로 진화해 왔다. 예를 들어, 야구 경기에서 외야수가 공중에 떠 있는 공을 잡는 방법을 한번 생각해 보자. 투수가 던진 공을 타자가 배트로 치면 그 공이 포물선을 그리며 외야로 날아가며, 외야수는 이 공이 땅에 떨어지기 전에 잡으려고 한다. 듣기만 해도 무척이나 복잡한 과정인 듯하다.

만약 외야수가 이 모든 정보를 분석한다고 가정해 보자. 먼저 투수가 던지는 공의 구질, 속도, 각도, 방향 등을 확인해야 한다. 다음으로 타자가 휘두르는 배트의 속도, 각도, 타점, 공의 반발력 등을 확인해야 한다. 공이 배트에 맞은 직후 공의 궤적을 추적해서 예상 낙하 지점으로 빠르게 뛰어가야 한다. 게다가 그날의 온도와 습도, 그 시점의 바람의 영향도 고려해야 한다. 그리고 이 모든 분석이 실시간으로 이루어져야 하고, 필요에 따라 보정을 해야 한다. 여러분이 외야수라면 이 모든 정보를 실시간으로 분석할 수 있을까? 사실 그 어떤 슈퍼컴퓨터라도 하기 어려운 일이며, 프로야구팀의 외야수가 사용하는 방법도 아니다.

프로 선수는 이보다 훨씬 더 효율적인 방법을 사용하는데, 그것이 바로 환경에서 주는 정보를 반영하며 상호작용하는 것이다. 다음 그림을 보자. 그림에서 *a*로 표시한 것이 외야수와 공 그리고 지표면이 이루는 각도이다. 외야수는 이 각도를 일정한 범위로 유지한 채 공이 오는 방향으로 향하면 된다. *a*가 0°라면 공이 지표면에 닿은 것이고, 90°라면 공이 내 머리 위를 넘어가는 상황이다. *a*의 범위가 0°와 90° 내에 있는 한 외야수는 공을 잡을 수 있다.

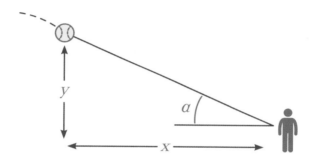

모든 구성 요소의 정보를 분석하는 방식에 비해 훨씬 더 간단하게 들릴 것이다. 그리고 실제로 인간이 사용하는 방식이기도 하다. 만약 뇌가 모든 정보를 분석해야 한다면, 인간의 뇌는 지금보다 훨씬 더 커야 할 것이고 사용하는 에너지의 양도 엄청날 것이다. 인간의 뇌가 기본적으로 상당한 양의 에너지를 사용한다는 점을 고려할 때, 추가적인 에너지 사용으로 인한 부담은 무척 클 수밖에 없다.

그래서 인간의 뇌는 세상과의 대화를 통해 환경에 존재하는 정보를 사용하는 방식으로 작동한다. 이는 정보의 저장과 분석에 대한 부담을 줄일 수 있으며, 역동적인 변화가 이루어지는 환경에 대한 적응에도 훨씬 더 유리한 방법이다. 이렇게 인간의 뇌는 매우 효율적으로 정보를 처리한다.

인간의 움직임은 복잡하다. 그리고 매우 뛰어나다. 인간은 효율적이고 효과적인 움직임을 위해서 구성 요소나 감각과의 상호작용을 넘어서서 세상과도 대화한다. 대니얼 월퍼트가 주장한 것처럼 뇌가 움직임을 구현하기 위해 존재하는지 확인하기 위해서는 추가적인 연구가 필요하지만, 인간의 정교하고 복잡한 움직임은 인공지능과 로봇으로 쉽게 모방할 수 있는 것이 아니라는 점은 분명해 보인다. 그리고 인간이 다른 존재와 차별화되는 점도 분명해 보인다.

참고 문헌

- 나카야 요헤이 · 후지모토 고이치 편저, 김정운 편역,《세상을 보는 방식에 대한 보다의 심리학》, 21세기 북스, 2014
- 노르베르트 볼프 지음, 이영주 옮김,《한스 홀바인》, 마로니에북스, 2006
- 로이 F. 바우마이스터 · 존 티어니 지음, 이덕임 옮김,《의지력의 재발견》, 에코리브르, 2012
- 루돌프 아른하임 지음, 김춘일 옮김,《미술과 시지각》, 미진사, 20 03
- 마틴 셀리그먼 외 3인 지음, 김경일 · 김태훈 옮김,《전망하는 인간, 호모 프로스펙투스》, 웅진지식하우스, 2021
- 유발 하라리 외 7인 지음, 오노 가즈모토 엮음, 정현옥 옮김,《초예측》, 웅진지식하우스, 2019
- Adelson, E. H., 2000, 'Lightness Perception and Lightness Illusions', in The New Cognitive Neurosciences, M. Gazzaniga (Ed), 2nd ed. pp. 339-351, MIT Press: Cambridge MA.
- Bernstein, N. (1967). The Coordination and Regulation of Movements. Oxford: Pergamon Press.
- Danziger, S., Levav, J., & Avnaim-Pesso, L. (2011). Extraneous factors in judicial decisions. PNAS, 108, 6889-6892.
- E. Bruce Goldstein 지음, 곽호완 외 6인 옮김,《감각 및 지각심리학》(9판), 박학사, 2015
- Frith, Chris. 2007. Making up the Mind: How the Brain Creates Our Mental World. Blackwell Publishing Limited.
- Gopher, D., & Kahneman, D. (1971). Individual Differences in Attention and the Prediction of Flight Criteria. Perceptual and Motor Skills, 33, 1335-1342.
- Jagacinski, R. J., & Flach, J. (2003). Control Theory for Humans: Quantitative Approaches To Modeling Performance. Erlbaum Associates, Mahwah, NJ, USA

- Lee, D., & Aronson, E. (1974). Visual proprioceptive control of standing in human infants. Attention, Perception & Psychophysics, 15, 529-532.

- Mischel, W., Ebbesen, E. B., & R. Zeiss, A. (1972). Cognitive and attentional mechanisms in delay of gratification. Journal of Personality and Social Psychology. 21, 204-218.

- Michael W. Eysenck, Marc Brysbaert 지음, 김태훈 외 3인 옮김,《인지심리학의 기초》, 학지사, 2021

- Schmidt, R., & Lee, T. (2011). Motor Control and Learning: A Behavioral Emphasis (5th ed.). Human Kinetics.

- Small, D. M. (2012). Flavor is in the brain. Physiology and Behavior, 107, 540-552.

- Wolpert, D. M., Ghahramani, Z., & Jordan, M. I. (1995). An internal model for sensorimotor integration. Science. 269, 1880-1882.

인지심리학 Q&A

Q. 인지심리학은 어디에 쓰이나?

A. 인지심리학은 인간의 생각의 원리를 찾아 그 설계도를 그리는 학문이다. 그래서 인지심리학은 심리학의 기초 혹은 주춧돌이라고 할 수 있다. 인지심리학에서 발견한 원리는 그 자체로도 매우 중요하지만 연관된 분야에서 다양하게 적용되고 있다. 예를 들어 태도와 설득에 관한 연구는 마케팅 기법에 적용되며, 기억이나 언어에 관한 연구는 훈련 프로그램 구성이나 컴퓨터공학과 연계하여 챗봇 개발에 적용되고 있다. 또, 움직임에 관한 원리는 로봇 개발에 적용되고 있다.

이 가운데 챗봇의 예를 살펴보면, 최근에는 단순히 기계적인 대화를 넘어서서 의인화된 챗봇이 개발되어 사용되고 있다. 예를 들어 격식을 갖추지 않은 용어를 사용하고, 분당 70단어 정도로 대화 속도를 맞추며, 필요에 따라 농담을 구사하여 마치 사람과 대화하는 느낌을 가질 수 있게 하는 것이다. 실제로 의인화된 챗봇의 사용으로 거래 성사 건수가 늘어나는 결과가 나오기도 했다. 이렇게 의인화된 로봇을 개발하기 위해서는 인지심리학의 주요 영역인 언어 처리 과정에 대한 분석이 필수적이다. 인지, 즉 인간의 생각은 단순히 내용을 표현하는 단어뿐 아니라 문장을 구성하는 기능어에도 스며들어 있기 때문에 해당 분야의 연구 결과를 적용하면 정말 사람 같은 챗봇을 구현할 수 있게 된다.

Q. 인간과 컴퓨터는 생각하는 방법이 다를까?

A. 당연히 다르다. 컴퓨터는 알고리즘에 기반해서 정보를 처리하는 반면, 인간은 소위 말하는 직관을 가지고 있다. 이로 인해 발생하는 가장 대표적인 차이는 바로 생각하는 속도이다. 컴퓨터는 문제가 주어졌을 때 그것에 관한 모든 정보를 확인해 본 후 답을 내지만, 인간은 직관을 사용하여 아주 빠르게 답을 내

놓는다. 그래서 모른다는 대답도 빠르다.

또한 컴퓨터가 하는 생각의 품질은 데이터의 크기에 따라 영향을 받기 때문에 소위 빅 데이터의 구축 및 처리가 필수적이다. 하지만 인간은 진화의 역사상 단 한 번도 빅 데이터를 사용한 적이 없다. 오히려 과도해 보이는 데이터를 제공하면 귀찮아하기도 한다. 그럼에도 불구하고 지금까지 스몰 데이터를 사용해서 놀라운 생각을 해 온 존재가 바로 인간이다.

Q. 인공지능이 인간을 지배하게 될까?

A. 최근 인공지능이 이루어 내는 놀라운 성과로 인해 이러한 두려움을 가지는 사람들이 있다. 인공지능의 엄청난 발전 속도를 볼 때 머지않은 시점에 인간을 지배할 수도 있을 것이라는 걱정을 하는 것이다. 특히 미래학자 레이 커즈와일Ray Kurzweil은 오래지 않아 기술이 인간을 초월하는 시점, 즉 특이점singularity이 올 것이라고 과감하게 예측하고 있기도 하다.

이러한 흐름에서 등장한 IBM의 인공지능 컴퓨터 왓슨Watson이나 웨이모Waymo의 자율주행 자동차 등은 기술의 발전으로 인간은 그저 그 기술을 즐기기만 하면 되는 존재로 전락할 것이라고 예측하게 만들기도 하였다. 하지만 엄청난 용량의 데이터와 쉴 새 없는 부지런함만으로 인간이 가진 능력을 따라오기는 힘들어 보인다. 그 이유를 몇 가지만 살펴보자.

첫째, 이 모든 인공지능을 설계하고 데이터를 입력하고 분석 방법을 결정한 존재가 바로 인간이다. 조금 과격하게 표현하자면 인공지능은 인간이 조종하는 일종의 꼭두각시 인형이라고도 볼 수 있다.

둘째, 인간에게는 너무나 쉬운 일이 인공지능 혹은 로봇에게는 무척 어렵다. 알파고는 이세돌 9단을 이겼지만 바둑돌을 바둑판에 직접 두지는 못했다. 이처럼 인간이 일상적으로 수행하는 많은 행위(걷기, 악수하기 등)는 현재의 기술 수준으로 거의 구현하기 어렵다. 그래서 지금까지 성공한 것은 로봇 청소기밖에 없다는 우스갯소리가 나오기도 한다.

셋째, 인간은 겉으로 드러나는 것 이외의 무언가를 파악하는 능력을 가지고 있다. 행간을 읽는다거나 비유적인 표현의 의미를 파악하는 일들을 인간은 어렵지 않게 수행한다. 인공지능 전문가 게리 마커스[Gary Marcus]는 이를 '상식과 추론 영역의 한계'라고 말하며 아직 인공지능이 가야 할 길이 멀다고 주장한다. 인간은 갑작스러운 큰 변화를 맞이할 때 강한 불안과 두려움을 느낀다. 인공지능의 등장도 비슷한 경험일 것이다. 향후 인공지능을 획기적으로 발전시키는 그런 시점이 올 수도 있겠지만 그 역시 인간이 고민한 결과물일 것은 분명하다. 그러니 지금은 인공지능에 대한 두려움을 가질 것이 아니라 인간의 생각에 대해 더 깊이 고민해야 할 시점이 아닐까?

Q. 인지심리학이 업무 능력과도 연관성이 있을까?

A. 매우 연관성이 높다. 이유를 들자면 첫째, 업무는 결국 정해진 목표에 따라 필요한 과제를 수행하는 것이다. 그래서 목표 추구에 적합한 과제와 절차를 생각해 내는 것은 생각의 기본 원리와 밀접하게 관련이 있다. 이를 다른 말로 바꾸어 보면 최종 목표에 이르게 만들어 주는 원인을 탐색하는, 즉 인과 관계를 찾는 것이라고 할 수 있다. 인지심리학은 정교하게 설계한 실험을 통해 원인과 결과를 파악하는 분야라는 점에서 매우 밀접한 관련이 있다고 볼 수 있다.

둘째, 업무는 혼자만 하는 것이 아니다. 생각의 원리를 이해하면 다른 사람과 같은 방향으로 생각을 맞출 수 있어 소통이 훨씬 쉬워진다. 예를 들어 같은 데이터를 두고 두 사람이 전혀 다른 이야기를 하는 경우를 종종 볼 수 있는데, 그 이유는 주의를 기울여 보는 지점이 서로 다르고 그로 인해 분석하는 정보 역시 다르기 때문이다. 이를 제대로 이해하지 못하면 논의가 아닌 논쟁으로 이어지게 되고 협업은 아예 불가능해질 수도 있다. 그래서 생각의 원리를 이해해서 다른 사람과 생각의 결을 맞추는 것이 협업의 기초가 된다고 볼 수 있다.

셋째, 창의적이고 혁신적인 성과를 내기 위해서는 이질적으로 보이는 대상이나 개념의 관계적 유사성을 찾아내는 것이 핵심이다. 창의적·혁신적 사고에 관한 대표적인 오해 중 하나는 전문가가 조용한 공간에서 혼자 골똘히 고민할 때 놀라운 생각을 해낸다는 것이다. 하지만 기존의 연구 결과들에 따르면 겉보기에는 별 관계가 없는 영역의 전문가들이 함께 고민할 때 창의적·혁신적 결과물이 도출된다. 디자인 싱킹^{design thinking}으로 유명한 컨설팅 기업 아이디오 ^{IDEO}는 바로 이런 방식으로 우리를 놀라게 한 작품들을 만들어 왔다.

Q. **똑똑하고 영리한 아이로 키우는 방법이 있을까?**

A. 여기서 똑똑하고 영리하다는 것은 단지 머리가 좋은 것만을 의미하지는 않을 것이다. 그보다는 부모가 아이에게 바라는 여러 가지 측면이 포함되어 있을 것이다. 이 질문에 대한 답으로 인지심리학의 연구를 토대로 상당히 많은 방법을 제안할 수 있겠지만, 가장 처음으로 꼽고 싶은 것은 아이가 다양한 관점을 가지도록 도와야 한다는 것이다. 다양한 관점을 형성하게 되면 매사에 여러 가지 가능성을 생각하게 되고, 타인과의 대화에서 그들의 생각을 좀 더 잘 이해하게 되며, 난관에 부딪혔을 때 새로운 방법을 찾을 가능성도 높아진다. 그러기 위해서 가장 중요한 것은 부모의 관점을 자녀에게 그대로 주입하지 않도록 노력해야 한다는 점이다.

다음으로 아이들에게 결과가 아닌 과정을 칭찬하는 것이 중요하다. 칭찬이 중요하다는 것을 오해하여 무턱대고 칭찬에만 집중하는 경우를 흔히 보는데, 잘못된 칭찬은 오히려 아이로 하여금 왜곡된 생각을 갖게 만들 수도 있다. 가령, 주위에서 아이가 공부한 과정이 아니라 성적을 칭찬하는 경우를 흔히 볼 수 있다. 이렇게 성적, 즉 결과를 칭찬하게 되면 결과가 좋지 않았을 때 쉽게 낙담하게 되며, 과정은 어떻든 결과만 잘 만들어 내려는 유혹에 빠지기 쉽다. 반면 그런 결과를 얻게 되기까지 아이가 했던 노력을 살펴보고 칭찬해 준다면 설령 결과가 좋지 않다 하더라도 크게 영향을 받지 않고 노력을 이어 갈 수 있을 것이다.

3강
인지심리학 알수록 유용해요

김경일 교수가
읽어 드립니다

"인지심리학이 뭔가요?"

이런 질문을 참으로 많이 받는다. 질문에 대답해 보자면, 인지심리학이란 행동의 주관적인 측면을 중시하여 지식 획득과 심리적 발달 등 연관된 정신적 과정을 탐구하는 심리학의 분야이자 정보 처리 관점에서의 인지 활동을 연구하는 학문이다. 좀 더 재미없고 건조하게 정의하면, 인간의 여러 가지 고차원적 정신 과정의 성질과 작용 방식의 해명을 목표로 하는 과학적·기초적 심리학의 한 분야라고 할 수 있다. 대학교 시절 이런 정의를 들었을 때 '이렇게 무미건조한 학문을 내가 왜 공부해야 하는 거지?' 하고 푸념했던 기억이 난다.

그런데 적성이라는 것이 정말 있기는 한 모양이다. 학과 동기와 선후배들 대부분이 이 따분한 인지심리학을 반드시 들어야 하는 전공필수 이상으로 생각하지 않았던 반면, 나는 기이하면서도 어쩐지 이공계스러운 인지심리학에 흥미가 생겼다. 왜냐하면 수많은 실험과 그에 따른 결과를 곰곰이 생각해 보니, 인지심리학은 사람을 바꾸려고 하는 것이 아니라 상황을 바꾸어 같은 사람을 요리조리 바꾸는 묘미가 있었기 때문이다.

예를 들어 보자. 인지심리학 논문은 거의 99%가 실험 결과를 다룬다. 그 실험 대부분에서는 참가한 사람들을 A 그룹과 B 그룹으로 나눈다. 무작위로 말이다. 그러니 결국 같은 사람들이다. 게다가 수행하는 과제도 같다. 다만 과제를 하기 전에 각 그룹에 들려주는 소리나 보여 주는 불빛 혹은 과제를 하는 시간대 등 아주 사소한 무언가에 있어서만 다르다. 이것을 인지심리학에서는 조건condition이라고 한다. 참으로 신기한 건 이 조건이 달라짐에 따라 두 그룹은 같은 과제를 수행하는 데 있어서 큰 차이를 보인다는 것이다.

이것이 왜 신기하냐고? 사람은 그대로 놓아두고 상황만 바꿔서 행동의 차이를 만들어 낸 것이니까. 다른 모든 심리학은 사람을 바꾸는 데 관심을 두고 있다. 나는 어렸을 때부터 사람은 잘 바뀌지 않는다고 믿어 왔다. 그런데 그 바뀌지 않는 사람은 그대로 놓아두고 상황만 바꿔서 행동에 커다란 변화를 만들어 냈으니 이 얼마나 환상적인 일인가?

내가 생각하기에 세상의 모든 인지심리학자들은 이와 같은 생각을 강하게, 하지만 조용히 가지고 있는 사람들인 것 같다. 그래서 창의적인 인재라는 말도 잘 쓰지 않는다. 다만 사람을 창의적으로 만드는 상황에 관심을 가질 뿐이다. 작은 상황의 변화로 사람을 크게 바꾸는 것에 관심이 있는 사람들이 지금껏 수많은 실험으로 증명해 온 여러 사실을 보고받는다는 생각을 가지고 이 책을 읽는다면 훨씬 더 흥미롭게 읽을 수 있을 것이다.

인지심리학의 또 다른 매력은 바로 작은 조치로 큰 결과의 차이를 만들어 낸다는 점이다. 이렇게 옆구리를 살짝 찌르는 것 같은 작은 조치들을 넛지nudge라고 한다. 그리고 인지심리학은 이러한 넛지들을 헤아릴 수 없이 많이 발견해 왔다. 하나만 예를 들어 보겠다.

사람들에게 다음과 같은 질문을 해 보자.

"100%의 확률로 5만 원을 잃는 1안과 25%의 확률로 20만 원을 잃고 75%의 확률로 아무것도 잃지 않는 2안 중 어떤 것을 선택할 것인가?"

대부분의 연구나 실제 인터뷰를 살펴보면 평균적으로 약 80%의 사람들이 2안을 선택하겠다고 응답한다. 사람들은 확실한 손실을 감수하는 것이 싫기 때문에 자칫 잘못하면 더 큰 손실을 입을 수 있는 모험을 선택한다는 것이다. 그런데 재미있게도 1안과 2안을 동시에 보여 주거나 설명해 주지 않고, 순서를 정해 하나씩 제시하면 사람들의 선택이 정반대의 양상을 보이기도 한다.

방식은 다음과 같다. 먼저 2안의 상황을 설명한다. 그러고는 잠시 사람들을 가만히 둔다. 생각할 시간을 주는 것이다. 그러면 사람들은 2안의 상황이 얼마나 좋지 않은 것인지, 즉 20만 원이라는 큰돈을 잃을 때의 상실감이 얼마나 큰지 등에 대해 상상해 본다. 상상이라는 것은 참으로 재미있는 힘을 발휘한다. 우리는 어떤 싫은 것에 대해 상상하는 것만으로도 몸서리치거나 짜증이 나곤 한다. 아직 그 일이 벌어진 것도 아닌데 말이다. 20만 원을 잃는다는 상상을 일정 시간 하다 보면 이제는 그 상황을 피하고 싶은 욕구도 커진다. 이때 1안을 대안의 형태로 보여 준다. 그리고 이렇게 이야기해 준다.

"1안을 선택하면 2안에서 가능한 큰 손실의 상황을 피할 수 있다."

이렇게 하면 70%의 사람들이 기꺼이 1안을 받아들여 2안의 상황을 피하겠다고 응답한다. 사람들이 확실한 작은 손실을 받아들이겠다고 설득된 것이다. 우리가 보험에 가입하는 이유가 바로 이렇게 설득되었기 때문이다.

어쨌든 이 실험을 통해 알 수 있는 것은 1안과 2안의 내용은 그대로 두고 양자택일과 하나씩 보여 주기 방식 중 어느 하나를 택하여 사람들로 하여금 1안과 2안 중 어느 쪽에 더 관심을 가지도록 만드는 것이 가능하다는 점이다. 이 간단한 조치가 바로 넛지이다. 그리고 인지심리학의 매력이 바로 여기에 있다. 큰 결과를 만들기 위해서는 큰 조치가 필요하다는 것이 우리의 일반적인 생각이다. 하지만 인지심리학은 작은 조치, 심지어는 알아차리지도 못할 만큼 사소한 조치로 결과의 큰 차이를 만들어 낼 수 있다. 인지심리학자들은 이 과정에 온통 관심이 있다고 해도 과언이 아니다. 독자들도 그 수많은 넛지의 세계에 한번 빠져 보면 어떨까?

1장

범주화:
우리는 어떻게 지식을 형성하는가?

우리는 매일 무언가를 보거나 들으며 살아간다. 그런데 보고 듣는 그 대상이 무엇인지 어떻게 알 수 있을까? 이 판단은 너무나 당연하게 이루어지는 것 같지만, 사실 여기에는 매우 복잡한 문제가 숨어 있다. 오른쪽 사진을 보자. 사진 속에 있는 것은 무엇일까?

©플리커(David Williss)

대부분의 사람들이 새라고 대답할 것이다. 그렇다면 다음 페이지의 사진에 있는 것은 무엇이라고 부르겠는가?

이것도 대부분의 사람들이 새라고 할 것이다. 당연한 대답이라고 생각하겠지만 심리학자들은 여기서 중요한 의문을 떠올린다. 전혀 다른 두 모습을 보고 우리는 도대체 어떻게 '새'라는 같은 범주category로 묶을 수 있을까? 인간은 이러한 범주화 과정을 통해 지식을 쌓고 활용할 수가 있다. 생전 처음 본 무언가도 기존의 지식에 기초하여 같은 종류로 묶을 수 있고, 그 종류의 단어(즉, 범주 이름)를 사용하면서 의사소통할 수 있는 것이다.

범주화는 인간의 기본적 속성

우리는 일상생활에서 거의 자동적으로 그리고 거의 모든 영역에 대해서 범주적인 판단을 한다. 오른쪽 페이지의 그림을 보자. 빛의 파장은 빛의 성질을 계산하는 데 대표적인 물리적 속성으로, 우리가 눈으로 보는 색을 결정한다. 그런데 이 파장이 어느 한 지점(510nm)으로부터 동일한 수치(30nm)만큼 증가(540nm)하거나 감소(480nm)할 경우 우리는 그 동일한 만큼의 변화를 느끼는 것이 아니다. 510nm에서 540nm로 변화할 경우 여전히 같은 색(즉, 같은 색 범주)에 있다고 생각한다. 그러나 480nm로 변화하면 전혀 다른 범주의 색으로 느끼게 된다. 즉, 우리는 아날로그적으로 변화하는 물리적 세상에서 무언가 범주들을 위한 경계선을 지니고 디지털로 경험한다는 것이다.

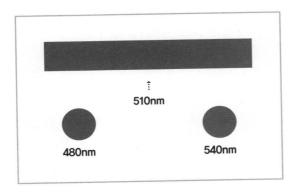

그렇다면 이러한 범주적 지각은 결국 세상의 변화를 정확하게 반영하기보다는 심리적으로 임의의 경계선을 설정하고 그 설정된 경계선을 기준으로 어느 한 범주에 대상을 욱여넣는 것으로 볼 수도 있을 것이다. 왜 인간은 이렇게 하는 것일까? 그것은 범주가 주는 이점이 크기 때문이다. 어떤 이점이 있는지 알아보자.

첫째, 의사소통의 속도와 효율성이다. 앞에 나온 두 새 사진에 있는 두 대상을 '새'로 범주화하면 쉽게 의사소통할 수 있다. 그런데 범주화하지 못하면 그 대상들을 일일이 묘사해야 한다. 대화가 정말 힘들 것이다. 우리는 의사소통할 때 범주 이름들을 주고받으면서 상대방이 무엇을 의미하는지 그리고 내가 무엇을 원하는지 등을 서로에게 쉽게 납득시킬 수 있다.

둘째, 예측할 수 있다는 점이다. 학생들이 교수의 강의를 들을 때 교수가 교탁 뒤로 이동하더라도(그래서 하반신이 시야에서 사라져도) 하반신이 없어졌다고 놀라지 않는다. 왜일까? 사전에 자신들이 보는 대상을 '사람'으로 범주화했기 때문에 사람이 본래 가지고 있는 '다리'가 현재 보이지 않아도 상대에게 다리가 있음을 예측할 수 있기 때문이다. 순식간에 일어나는 사고 과정이라서 당연한 것처럼 보이지만, 사실 그렇지 않다. 아직 범주 지식이 완전하게 형성되지 않은 유아들이 얼굴의 반쪽만 보이는 엄마를 보고 놀라서 울거나 "까꿍!" 하면서 얼굴을 가렸다 보였다 하는 놀이에 장시간 동안 즐거워하는 것을 보면 범주 지식이 얼마나 중요한지 알 수 있다. 범주에 대한 지식을 쌓아 가고 활용할 수 있게 되면서 인간의 사고 과정은 말할 수 없을 정도로 효율적이고 빨라지게 되었다.

그렇다면 이러한 범주화는 늘 좋은 것일까? 꼭 그렇지만은 않다. 마치 우리가 사는 세상이 효율적이고 빠르게 변화하면서 발생하는 현상들과 동일한 문제들이 존재한다. 그중 가장 중요한 것이 바로 다양함의 간과이다.

범주의 이름은 대부분 명사이다. 그리고 명사는 형용사나 동사보다 더 강력한 심리적 효과가 있다. 이를 일종의 낙인 효과라고 부른다. 예를 들어, "철수는 사람을 죽였어."라는 문장보다 "철수는 살인자야."라는 문장이 더 강한 느낌을 준다. 왜냐하면 '살인자'라는 단어에 더 강한 낙인 찍기 효과가 있기 때문이다. 철수는 살인자라는 범주에 명확하게 들어가면서 해당 범주가 지닌 속성들을 그대로 물려받는다. 고정관념이나 편견 등이 어떤 대상에 대한 호칭(즉, 범주 이름)을 말하는 순간부터 위력을 발휘하는 것이 바로 이 때문이다.

두 번째 문제는 실제 속성의 간과이다.

오른쪽 큐알코드를 스캔하면 한 실험의 동영상으로 연결이 된다. 한번 실행해 보자. 한 가지 주의할 점은 처음에는 눈을 감고 소리만 들어 보아야 한 다는 것이다. 어떤 발음이 들리는가? 이번에는 눈을 뜨고 말하는 사람을 보면서 소리를 들어 보라. 아마 눈을 감았을 때와는 다른 발음이 들릴 것이다. 소리만 들을 때는 '바ba'를 계속 말하는 것 같다. 그런데 보면서 들으면 마치 '다da'를 발음하는 것처럼 들린다. 이를 맥거크 효과McGurk effect라고 한다.

분명히 컴퓨터에서는 같은 파일이 재생되고 있는데 왜 상황에 따라 다르게 들리는 걸까? 비밀은 화면 속 남자의 입 모양에 있다. 남자가 내는 소리는 분명 '바'이다. 하지만 이 동영상은 '가ga'를 발음하는 화면에 소리 '바'를 덧씌운 것이다. 그래서 우리는 소리의 '바'와 시각의 '가'를 무의식중에 합성하여 '다'라는 제3의 소리를 지각하는 것이다. 왜 이런 현상이 일어날까? 우리가 범주화를 위해 한 가지 감각에만 의존하지 않고 다른 감각의 정보도 신속히 참조하기 때문이다. 그리고 이러한 참조는 때때로 실제 일어나는 일에 대해 왜곡된 지각을 경험하게 하기도 한다.

결론을 말하자면 범주 정보는 정말 유용한 도구이다. 어떤 대상을 하나의 범주로 판단하는 순간 그 대상의 여러 속성들을 예측하고 판단하는 것이 빨라지며, 따라서 신속하게 대응할 수 있다. 우리 인류가 오랫동안 지식을 축적해 온 방법이 바로 이 범주 이름들을 배워 나가는 것이었으며, 많은 시험 문제가 범주들을 구분해 내는 것이다.

그런데 범주에 기초해 판단하는 것에 익숙해지다 보니 때로 범주를 사용하지 말아야 할 것에도 억지스러운 범주를 사용하여 판단을 넘어 속단에 이르는 경우가 발생하곤 한다. 혈액형, 별자리, 출신 지역과 국가 등 다양한 범주 정보들이 대상의 실제 본질을 간과하게 만든다. 그러므로 축적된 지식이 내 안에서 잘못 적용되고 있지는 않은지 가끔 되돌아볼 필요가 있다.

같다는 것과 다르다는 것의 동질성

범주를 습득하고 대상을 범주화한다는 것은 결국 지식을 쌓고 그것에 기초해 어떤 판단을 한다는 것을 의미한다. 또, 우리는 날마다 '같다'와 '다르다'에 대한 판단을 한다. 재미없고 딱딱한 연구 결과로만 보기에는 이에 기초해 우리가 생각해 볼 수 있는 것이 너무나 많다. 일상생활에서 그 예를 찾아보자.

인간관계에 있어서 대표적인 하소연 중 하나가 "우린 서로 너무 다르다."라는 말이 아닐까? 실험실 상황에서는 이를 범주적 판단이라고 하지만 인간관계로 확장해 보면 한마디로 이질감이다. 그런데 심리학 연구들을 통해 알 수 있는 재미있는 사실이 하나 있다. 세상의 많은 차이는 결국 공통점에 기초한다는 것이다. 무슨 말장난이냐고 할지 모르겠지만 이는 엄연한 사실이다. 더 정확하게 말하자면, '다르다'에는 두 가지 종류가 있으며, 이 중 한 종류의 다름은 결국 같음을 의미한다는 것이다.[1] 그리고 이 두 차이 가운데 어느 것을 더 중점적으로 보느냐에 따라서 인간관계에서 다양한 갈등이 발생하기도 하고 또 치유되기도 한다. 예를 하나 들어 보자.

PC-노트북과 PC-고양이, 이렇게 연결된 두 쌍의 사물이 있다. 둘 중 어떤 연결이 더 유사한지 사람들에게 물어보면 코웃음을 치며 "당연히 PC와 노트북이 서로 더 유사하지요!"라고 대답한다. 이 대답을 하면서 자연스럽게 떠오르는 가정은 PC-노트북 사이에서보다 PC-고양이 사이에서 더 차이점이 많다는 것이다. 하지만 이는 사실이 아니다. 사람들에게 약간의 시간을 주고 연결된 두 사물의 차이점을 최대한 많이 써 보라고 하면 PC와 노트북 사이에서 훨씬 더 많은 차이점을 찾아낸다. 하지만 PC와 고양이 간의 차이점에 대해서는 대부분의 사람들이 약간 당황하면서 쉽게 쓰지 못한다. 딱히 비교할 만한 점이 없기 때문이다.[2]

이 재미있는 역설은 왜 일어나는 걸까? 서로 비슷하다고 생각되

---

1 — Markman, A. B., & Gentner, D. (1993). Splitting the differences: A structural alignment view of similarity. Journal of Memory and Language, 32, 517-535.
2 — Markman, A. B., & Gentner, D. (1996). Commonalities and differences in similarity comparisons. Memory & Cognition, 24, 235-249.

는 두 대상 사이에서 차이점을 더 많이 그리고 쉽게 떠올릴 수 있는 이유는 둘 사이에 존재하는 공통점에 기초한 상대 비교가 가능하기 때문이다. 사실 우리 주위를 돌아보면 가까운 관계의 사람들이나 유사한 대상과의 관계에서 차이점을 더 강하게 느끼고 갈등을 겪는 일이 많다. 우리나라와 일본 사이의 차이점을 우리나라와 탄자니아와의 사이에서보다 더 쉽게 많이 느낄 수 있는 것도 한 예일 것이다. 한마디로 공통점이 많을수록 그 공통점에 기초한 차이가 쉽게 느껴지고, 그로 인해 오히려 이질감을 느끼거나 갈등을 겪는 경우가 많다는 것이다. 이러한 점은 우리에게 인간관계에 대한 중요한 질문을 던져 준다. '우리가 다르기 때문에 갈등하는 것인가 아니면 갈등하기 때문에 (그 공통점에 기초한) 다른 점들이 더 잘 보이는 것인가?'라는 것이다. 전자에 해당하는 경우도 많겠지만, 후자의 경우도 참으로 많다. 문제는 이 점을 우리가 인식하지 못한다는 것이다.

PC와 고양이 사이에서 차이점이 오히려 더 잘 생각나지 않는 것과 마찬가지로 두 사람 사이에 존재하는 그야말로 질적인 차이는 오히려 사람들이 잘 인식하지 못한다.[3] 그런데 한번 생각해 볼 만한 재미있는 점은 어떤 인간관계에서든 각자가 맡고 있는 역할은 이러한 질적인 차이에 기인한 것이 많다는 것이다. 직장에서의 관계, 부부 관계 혹은 부모 자식 관계 등 다양한 관계 속에서 각자가 상대방을 위

---

3 — Markman, A. B., & Gentner, D. (1997). The effects of alignability on memory storage. Psychological Science, 8, 363-367.

해 하고 있는 역할들은 성별, 연령 혹은 능력 등의 질적인 차이에 따라 그 사람만이 할 수 있는 일인 것이 많기 때문이다. 그런데 일반적으로 우리는 이 점을 잘 인식하지 못한다. 그러니 그 사람이 나와의 관계에서 맡고 있는 중요한 역할들이 잘 보이지 않는 것이다. 따라서 그에 대해 감사의 마음을 갖거나 제대로 평가하기가 어렵다.

결론은 이렇다. 상대방을 미워하면서 보이는 이질감은 많은 경우 공통점에 기초한 비교에서 비롯된 것들이다. 실제로 "우린 서로 너무 달라요."라고 하소연하는 부부, 동료, 혹은 가족들을 만나면 실은 비슷한 점이 매우 많다는 사실을 발견하게 된다. 이럴 때 상대방은 지니고 있는데 나는 전혀 혹은 거의 가지고 있지 않은 것이 무엇인지, 즉 질적인 차이가 무엇인지 생각해 보는 게 어떨까? 그러면 상대의 의미나 역할을 깨닫게 되고, 미움보다는 인정하고 감사하는 마음을 가질 수 있게 될 것이다. 또, 반대로 내가 어떤 사람에 대해 감사의 마음을 갖게 되면 그제야 어렴풋이 보이기 시작하는 것이 바로 그 사람의 역할이며 질적인 차이이기도 하다. 이래저래 서로 간의 다름을 인정하는 것은 인간관계에 있어서 참으로 중요하다. 무엇보다 범주화라는 인지심리학의 기초를 공부하는 것만으로 생각이 여기까지 확장될 수 있다는 점이 참신하지 않은가?

2장

추론:
우리는 왜 착각을 할까?

　"인간은 생각하는 존재이다."라는 말을 인지심리학적으로 바꾸면 "인간은 착각하는 존재이다."라는 말이 된다. 인간은 생각을 하면서 거의 매 순간 착각하기 때문이다. 예를 하나만 들어 보자. 지금 창밖을 보고 있는데 한 사람이 약간 어지러운지 비틀거리면서 걷고 있다. 이 장면을 목격(지각)한 우리는 자연스럽게 비틀거리는 이유가 무엇인지 '생각'하게 된다. 이를 추론 혹은 추리라고 한다. 소설 속 사건의 범인과 범행 동기를 알아내고자 하는 독자와, 이를 교묘히 숨기고 독자를 속이고 싶어 하는 작가와의 심리전을 추리 소설이라고 하지 않는가. 인간은 어떤 장면을 그저 있는 그대로 담아 저장하는 카메라와는 다르다. 주어진 상황이나 장면 혹은 사건을 경험한 뒤에는 항상 주어지지 않은 앞뒤를 파악하고자 추론하고 추리한다. 그런데 그 추론에서 착각은 늘 발생한다.

아까의 상황으로 돌아가 보자. 그 비틀거리는 사람을 보고 '아, 저 사람 술 마셨구나.'라고 생각할 수도 있고, '어, 저분은 더위를 먹었나?'라고 짐작할 수도 있다. 왜 이렇게 생각했을까? 아마도 주위의 여러 맥락들이 자연스럽게 고려되었을 것이다. 지금 그 사람을 보는 시간이 밤이라면 그것을 염두에 두었을 것이고, 찌는 듯한 한여름의 오후 2시라면 또한 그것을 고려했을 것이다. 하지만 과연 이것이 결정적 단서일까?

아닐 가능성은 얼마든지 있다. 우리는 여전히 그 사람에 대해 아는 것이 거의 없기 때문이다. 나는 한밤중이라서 그 사람이 술에 취해 비틀거린다고 생각(추론)하여 '술 좀 적당히 먹지.'라고 혀를 끌끌 찼지만, 정작 그 사람은 밤늦게까지 고된 일을 하다가 퇴근하는 길이었고 몸이 좋지 않아 도움이 필요한 상황이었을 수도 있지 않겠는가. 우리는 이렇게 늘 생각하고 착각한다. 이 착각을 연구하는 것이 인지심리학이다. 그리고 그것을 바로잡으려면 어떻게 해야 하는지도 당연히 연구한다. 그것 역시 인지심리학에 부여된 임무이기 때문이다.

다른 예도 한번 살펴보자. 이번엔 우리 자신에 대한 것이다. 이 질문에 한번 답해 보시라.

"지금까지 당신의 삶은 얼마나 만족스러우신가요?"

1점부터 10점까지 점수를 매기되 1점은 '전혀 아니다.'이고 10점은 '매우 그렇다.'라면 당신은 자신의 삶에 몇 점을 줄 것인가? 점수가 몇 점이 되었든 중요한 사실은, 그 숫자가 철저히(혹은 최소한 상당 부분) 지난 며칠에서 몇 주 동안 얼마나 좋은 일(또는 나쁜 일)이 일어났는가에 달려 있다는 점이다.

이에 관한 재미있는 실험을 해 보자. 생애 만족도 조사에 응답하러 실험실에 들어가는 사람들이 있다. 이들 중 1/3은 문 앞에서 500원짜리 동전을 하나 줍게 된다. 또 다른 1/3은 10만 원을 줍게 된다. 나머지 1/3의 사람들은 문 앞에 아무것도 떨어져 있지 않아 그냥 방으로 들어간다. 이 세 그룹은 모두 앞서 말한 생애 만족도 검사를 받는다. 이른바, '당신의 전체 인생을 되돌아보았을 때 얼마나 만족스러운가?'를 측정하는 다양한 문항들에 응답하는 것이다.

500원의 사소한 금액을 주운 사람들은 당연히 '오, 오늘 재수가 좋네.'라고 생각하면서 살짝 미소를 지으며 방에 들어간다. 그리고 자신의 생애 만족도를 묻는 문항들에 상대적으로 더 높은 점수를 부여한다. '전 생애'를 되돌아보아야 하는 질문들인데도 말이다. 더욱 흥미로운 점은 10만 원을 주운 사람들은 200배나 더 큰 금액을 주웠지만 '이걸 주인에게 돌려줘야 하는데……' 하는 죄책감이나 '내가 돈을 줍는 모습을 누가 보지 않았을까?' 하는 불안감에 심지어 문 앞에서 아무 일도 일어나지 않았던 사람들보다도 더 낮은 점수를 자신의 생애 만족도 문항에 부여하게 된다는 것이다.[4]

---

4 — 심리학자들은 이런 결과를 지속적으로 관찰한 연구 결과에 바탕하여 돈과 행복의 상관관계가 그리 높지 않다고 말한다.

내 판단이 객관적이라는 착각

인지심리학자들이 참으로 많이 하는 이야기가 있다.

"세상의 많은 다름은 결국 같음을 의미하는 것이다."

앞에서도 나온 말이지만, 사실 이는 인간 생각의 작동 방식을 연구해 오면서 인지심리학자들이 밝혀낸 중요한 사실 중 하나이다. 예를 들어, A와 B 두 대의 자동차가 있다고 해 보자. 연비, 출력, 최고 속도에서 자동차 A는 16.3km/ℓ, 190마력, 시속 200km이다. 반면 자동차 B는 15.3km/ℓ, 180마력, 시속 180km이다. 그런데 자동차 B에는 내비게이션과 선루프가 있고 자동차 A에는 없다.

이 경우에 A와 B 가운데 어느 쪽이 더 좋은 자동차라고 할 수 있을까? 자동차 A가 더 좋아 보인다고 판단하는 사람들은 아마도 연비, 출력, 최고 속도에서 A가 B보다 더 우수하다는 점을 보았을 것이다. 그런데 이 세 가지 측면의 우수성은 어떻게 추론이 가능할까? 두 자동차 모두 '엔진'이라는 것을 가지고 있으므로 이에 기초해 상대 비교를 할 수 있기 때문이다. 결국 공통점(같음)에 기초한 차이점이다. 그리고 평가에 대한 이유를 설명하기도 구체적이고 쉽다.

하지만 자동차 B가 더 좋다고 생각하는 사람도 있을 것이다. 그 이유는 당연히 A에는 아예 없는 내비게이션과 선루프를 B가 갖추고 있기 때문이다. 그런데 이 두 기능은 상대 비교가 되지 않는다. 비교가 어려우니 왜 더 좋은지 설명하기도 쉽지 않다.

그런데 재미있게도 사람들이 어떤 상태에 있느냐에 따라 A와 B

어느 자동차가 더 우수한지에 대한 판단에 차이가 난다. 보통 불안하거나 실수하기 싫어하는 사람들은 A를, 의욕에 불타는 사람들은 B를 더 우수한 자동차로 지목한다. 연구를 해 보니 그 이유가 밝혀졌다. 불안한 사람은 특히나 비교에서 밀리는 것을 싫어하기 때문이다. 하지만 열정이나 의욕에 타오르는 사람은 이른바 '나만 가지고 있는 것'에 더 흥미를 느낀다.[5] 그러니 상대 비교에서는 밀리더라도 나만 가지고 있는 측면이 있는 B가 더 좋은 것이다.

이처럼 판단에는 그 사람의 상태나 상황이 반영된다. 사람들은 자기가 내린 판단에 대해 설명할 수 있으면 자신이 객관적이라고 생각한다. 하지만 이 또한 자기 상황이나 상태에 따라 임의적으로 선택되는 과정이 있다는 것을 모르기 때문에 하는 착각이다.

중요해서 생각하는 것이 아니라 생각할 수 있어서 중요한 것

우리는 흔히 이렇게 말한다.

"이건 굉장히 중요한 측면이니 심사숙고해서 판단하자!"

그런데 우리가 이렇게 말할 때 실제로 그에 부합될 정도로 중요

---

5 — Zhang, S., & Markman, A. B. (2001). Processing product unique features: Alignability and involvement in preference construction. Journal of Consumer Psychology, 11, 13?27.

한 정보를 판단의 잣대로 사용하고 있을까? 인지심리학자들의 연구에 따르면 이것 역시 착각일 가능성이 크다. 왜냐하면 우리는 중요한 것을 심사숙고하는 것이 아니라 반대로 심사숙고할 수 있는 대상이 중요한 것이라고 착각하는 경우가 허다하기 때문이다.[6]

중고 음악 용어 사전 A와 B가 있다. A는 낡았지만 2,000개의 음악 용어를 수록했다. B는 거의 새것인데 1,500개의 음악 용어를 수록했다. 각 용어에 대한 설명의 수준이나 분량은 비슷하다. 사람들에게 두 사전 A와 B를 동시에 보여 주고 어느 사전을 구입하겠느냐고 물으면 대부분의 사람들이 A를 선택한다. 이유를 물으면 대개 "사전은 얼마나 많은 단어가 수록되었는지가 중요하지요."라고 답한다. 그런데 상황을 바꾸면 선택도 바뀐다. 한 중고 서점에서 A와 B 어느 것이든 하나를 먼저 본다. 그리고 난 뒤 10여 분 정도 걸어서 다른 서점에서 나머지 하나를 본다. (여기서는 A와 B를 동시에 볼 수 없다는 것이 중요하다.) 이런 경우에는 사람들의 선택이 달라진다. 즉, B를 구입하는 경우가 더 많아지는 것이다. 이유를 물으면 이런 답이 돌아온다.

"이 사전이 더 새것 같네요!"

왜 이런 현상이 일어날까? 처음의 경우처럼 A와 B를 동시에 나란히 놓고 평가하게 되면 사전의 두께가 금세 눈에 들어온다. 두께가 더 두껍다는 것은 수록된 용어가 많다는 것을 의미하고 따라서 여기

---

6 — Hsee, C. K. (1996). The Evaluability Hypothesis: An explanation for preference reversals between joint and separate evaluations of alternatives. Organizational Behavior and Human Decision Processes, 67, 247-257.

에 주목(즉 심사숙고)할 수 있게 된다. 하지만 각기 다른 서점에서 A와 B를 따로 본다면 이 두께라는 측면은 이제 쉽게 사용할 수 없는 정보가 된다. 따라서 새것이냐 낡은 것이냐와 같은 느낌이 훨씬 더 심사숙고의 대상이 된다. 사람들은 중요한 것에 주목한 것이 아니라 주목이 가능한 정보를 중요한 근거로 사용한 것이다.

위 실험에서 알 수 있듯이, 비교를 위해 다양한 대상들을 볼 때 어떤 측면을 더 중요하게 보는가 하는 것은 우리 자신의 의지로만 결정되는 것이 아니다. 이러한 현상은 여러 분야에서 아주 자주 관찰되며 연구자들은 이를 평가의 용이성 효과evaluability effect라고 부른다. 일종의 역설이다. 판단이 어려운 상황에서 사람들은 종종 (생각이 용이한 정보만을 사용하여) 더 빠른 시간 내에 결론에 도달하고, 판단이 더 용이한 상황에서는 오히려 상대적으로 더 많은 생각을 한다는 것이다. 그러니 이러한 착각을 막으려면 어떻게 해야 할까? 동일한 대상에 대한 판단을 다양한 상황에서 해 보아야 한다. A와 B를 놓고 둘 중의 하나가 좋아 보인다면 그 판단이 다른 상황에서도 그러할까 생각해 보는 것이다.

내가 해 봐서 안다는 생각의 함정

"내가 해 봐서 안다." 혹은 "내 경험에 의하면 이러이러하니 내 말을 따라라." 같은 말을 하는 사람들이 주위에 꽤 많다. 대부분 자신의 예전 경험을 강조한 말들이다. 그런데 이런 표현에도 인간이 저지르는 다양한 실수와 오류의 함정들이 숨겨져 있다. 그중 가장 중요하게 생각해 볼 만한 것이 이른바 '내 생각 속에서 생생한 것'이 실제 세상에서도 그러할 것이라는 착각이다. 인간이 생생함의 노예가 되는 순간이다.

예를 하나 들어 보자. 영어에서 K로 시작하는 단어, 즉 K가 첫 번째 자리에 오는 단어와 K가 세 번째 자리에 오는 단어 중 어느 것이 더 많을까? 영어에 익숙한 사람들일수록 전자가 더 많다고 대답한다. 하지만 정답은 후자이다. 이 당황스러운 답을 듣고 나면 사람들은 대개 이렇게 반응한다. "정말? 그런 단어가 그렇게 많아? 어디 보자……."라고 말하며 고개를 갸우뚱거리면서 어렵사리 단어를 떠올리는 것이다. 그런데 이때 떠올리는 단어들은 대개 일상생활에서 잘 쓰지 않는 어려운 단어들이다. 예를 들어 acknowledgment와 같은 것이다. ask, cake 혹은 bakery와 같이 평소에 잘 쓰는 쉬운 단어들은 오히려 잘 생각나지 않는다. 어렵게 생각할수록 어려운 단어가 더 빨리 떠오른다.

게다가 영어에 익숙한 사람일수록, 더 나아가 영어 원어민일수록 이런 틀린 대답의 빈도가 더 높다. 심지어는 "영어에서 'ing'로 끝나는 단어가 더 많을까요, 아니면 끝에서 두 번째 문자가 'n'인 단어가 더 많을까요?"라는 질문에도 무심결에 'ing'로 끝나는 단어가 더 많을 것이라고 자신 있게 대답한다. 그런데 이는 불가능하다. 왜냐하면 후자가 전자의 경우를 포함하기 때문이다.[7]

왜 이렇게 잘못된 대답을 할까? 잘못 선택한 답이 내 머릿속에서 더 생생하기 때문이다. 생생하다니? 이건 또 무슨 말인가? 이는 전적으로 내 머릿속에서 일어나는 느낌이다. 외부의 세상이 어떤 양상을 띠고 있건 간에 내 머리에 쉽게 떠올라 생생하면 우리는 그것이 더 많거나 혹은 더 올바르다고 생각한다. 한마디로 생생한 것이 무조건 정답이라는 것이다. 이렇게 생각하면 틀리기가 쉽다. 하지만 이것이 인간이다. 왜냐하면 인간에게 있어서는 이 생생함이 어떤 판단을 할 때 쓸 수 있는 몇 안 되는 잣대 중 하나이기 때문이다. 이로 인해 우리는 많은 경우 확률적 상식을 뒤집는 판단을 내리고 만다.

아모스 트버스키Amos Tversky와 대니얼 카너먼Daniel Kahneman은 사람들에게 이런 질문을 하였다.[8]

"미국과 러시아 사이에 전면적인 핵전쟁이 일어날 확률은 얼마나 될까요?"

이 질문에 사람들은 일반적으로 시큰둥한 반응을 보였다. "에이, 그런 일이 실제로 일어나겠어요?" 하는 정도이다. 그런데 다음 질문에는 양상이 달라진다.

"미국과 러시아 사이에는 핵전쟁 의도가 없었지만, 이라크, 리비아, 이스라엘 또는 파키스탄과 같은 제3국의 행동으로 인해 양국 간

---

7 — Tversky, A., & Kahneman, D. (1973). Availability: A heuristic for judging frequency and probability. Cognitive Psychology, 5, 207-232.

8 — Tversky, A. and Kahneman, D. (1983). "Extension versus intuitive reasoning: The conjunction fallacy in probability judgment". Psychological Review 90 (4): 293-315.

에 오해가 발생하여 전면적인 핵전쟁이 발발할 가능성은 얼마나 될까요?"

이런 질문을 들으면 일단 사람들의 반응부터 달라진다. "오호, 그런 일이 있을 수도 있겠네요. 두 나라의 지도자들은 조심해야겠어요"와 같은 반응이 가장 일반적이다. 다시 말하자면 첫 번째의 경우에서보다 두 번째의 경우에 핵전쟁의 발발 확률을 더 높게 추정하는 것이다. 하지만 첫 번째 경우는 두 번째를 완벽히 포함하고 있다. 두 번째도 어찌 되었든지 간에 첫 번째에서 말하는 전면 핵전쟁이기 때문이다. 그런데 왜 이런 현상이 일어나는 것일까? 두 번째 시나리오가 훨씬 더 구체적이며, 따라서 더 생생한 상상이 가능하기 때문이다.

법정 공방에서 간단히 말해도 되는데 변호사들이 굳이 '선혈이 낭자한'이라든가 '두 눈을 부릅뜨고'와 같은 표현을 쓰는 이유도 바로 여기에 있다. 범죄 상황을 구체적으로 묘사하여 재판부나 배심원들로 하여금 최대한 생생한 그림을 떠올리도록 하려는 것이다. 그래서 인간은 "내가 해 봐서 아는데……" 혹은 "내 경험에 의하면……" 같은 말을 입에 달고 산다. 나의 생생한 경험을 이 세상 모든 경우에 일반화시키는 오류를 범하면서 말이다.

내 머릿속의 생생함은 쉽고 빠르게 결론에 도달하게 해 주는 이점이 있지만, 그 대가로 잘못된 판단을 하거나 다른 사람의 생각도 나와 같을 것이라는 과일반화의 오류를 범하게 한다. 하지만 역설적이게도, 우리 인간이 생생함의 노예라는 점을 인정하고 받아들이면 우리 주위의 많은 문제들을 어떻게 풀어 나가야 하는가에 대한 답에 보다 지혜롭게 접근할 수도 있다.

그 대표적인 것이 바로 '의견 충돌의 조율'이다. 의견 충돌이 일어났을 때, 얼핏 보기에는 이성적이고 논리적인 의견들이 맞서고 있는 것 같지만, 그 이면을 들여다보면 갈등 당사자들이 지니고 있는 '생생한 경험과 기억의 충돌'인 경우가 허다하다. 그들의 의견은 그 생생한 경험과 기억의 산물인 것이다. 특히 강경한 의견일수록 그것을 뒷받침할 만한 개인적인 경험이나 에피소드가 존재하기 마련이다. 이럴 때는 의견 자체를 맞대고 싸워 봤자 별 소용이 없다. 원인이 아닌 결과를 놓고 싸우는 것이기 때문이다.

그렇다면 어떻게 해야 할까? 그 의견을 만들어 낸 뿌리인 각자의 생생한 기억과 경험을 들어 보아야 한다. 상대방의 의견은 납득이 되지 않더라도 상대방이 경험한 에피소드는 보다 너그럽게 이해해 줄 수가 있으며, 마찬가지로 나의 에피소드도 상대방이 상당히 자연스럽게 이해해 줄 것이다. 왜냐하면 이 에피소드들은 대개 세상에서 얼마든지 일어날 수 있는 일들이기 때문이다. 즉, 쉽게 납득하고 이해해 줄 수 있는 의견은 세상에 많지 않아도 '아, 그럴 수도 있었겠구나.' 하고 받아들여 줄 수 있는 생생한 경험들은 얼마든지 있다는 말이다.

의견이 맞지 않는 사람과 그 자리에서 바로 의견을 조율하기가 어려운 이유도 바로 여기에 있다. 각자 생각의 '결과'만을 놓고 무언가를 시도하기 때문이다. 이럴 땐 장소나 환경을 바꿔 보면서 상대방의 개인적인 경험을 차근차근 들어 보고 왜 그가 그런 결론에 도달했는지를 알아보아야 한다. 물론 자기 자신에 대해서도 마찬가지이다.

더욱 중요한 점은 이를 위한 시간을 아까워하면 절대 안 된다는 것이다. 왜냐하면 의견이 조율되지 않으면 그 시간보다 훨씬 더 많은 시간과 비용을 서로의 갈등을 치유하고 봉합하는 데 써야 하기 때문이다. 생생함이라는 함정. 이것을 역이용한다면 의견 충돌이 있을 때 대화의 초점이 맞춰지지 않는 부분이 어디인지 생각하면서 문제를 풀어 나갈 수 있을 것이다.

확률에 대한 판단은 어떻게 왜곡되는가?

우리는 늘 확률에 대한 판단을 하면서 살아간다. 그것이 꼭 수치상의 표현이 아니라 하더라도 '대부분', '거의', '다소', '약간' 등 다양한 부사로 자신이 어떤 대상에 대해 느끼는 주관적인 확률에 대한 느낌을 전달하고 또 파악한다. 그리고 이렇게 판단된 확률을 기초로 결정을 내리고 행동한다. 예를 들어 집에 도둑이 들 확률이 높다고 판단하면 보안 업체 서비스를 신청하고, 우리 회사의 신제품이 소비자들에게 호평을 받을 확률이 낮다고 생각되면 무언가 보완 작업을 하거나 출시를 미루기도 한다. 이처럼 우리는 '그런 일이 얼마나 일어날 것인가?'에 대한 판단을 무수히 하면서 살아간다.

그런데 인간의 확률 판단은 얼마나 정확할까? 일기예보처럼 엄청나게 발달된 시스템과 슈퍼컴퓨터를 통해 나오는 숫자화된 확률 정보를 가지고도 우리는 (예보가 맞지 않아) 거추장스러운 짐이 되어 버린

우산을 귀찮아하기도 하고 혹은 반대로 우산 없이 비 내리는 거리를 허둥지둥 뛰어다니곤 한다. 하물며 인간은 어떻겠는가? 사실 앞일을 정확히 예측한다는 것은 신이 아니고서야 할 수 없는 일이다. 문제는 우리가 판단된 확률에 근거해서 무언가를 결정하고 행동해야 한다는 점이다. 그리고 많은 심리학 연구들을 종합해 보면 인간의 판단이나 추정 중에 확률에 관한 것만큼 취약한 것이 없다.

그중 대표적인 예 하나가 '결합된 사건이 만들어 내는 확률에 대한 과대 추정'이다. 가령 큰돈을 잃을 확률이 1/64인 게임을 1번 할 때보다, 확률이 1/4인 게임을 3번 해서 같은 것이 나왔을 때 똑같이 큰돈을 잃게 될 상황에서 사람들은 더 큰 긴장감을 느낀다고 한다.[9] 후자의 경우도 어차피 1/4을 3번 곱하기 때문에 결국은 확률이 1/64인데도 말이다. 같은 맥락에서 당첨 확률이 1/64인 게임을 1번만 하는 것보다는 1/4인 게임을 3번 연속해서 같은 것이 나오는 것을 더 좋아한다. 한마디로 작고 구체적인 무언가가 결합되는 것을 더 강하게 느낀다는 말이다.

기회와 그에 따른 확률을 보는 관점도 마찬가지로 생각할 수 있다. 예를 들어 50만 원 당첨 확률이 25%인 복권 2장을 가질 것인지 아니면 100만 원 당첨 확률이 25%인 복권 1장을 가질 것인지 고르라고 하면 대부분의 사람이 전자의 2장을 가지고 싶다고 대답한다.

9 — Cohen J., Chesnick E. I., Haran D. (1971), Evaluation of compound probabilities in sequential choice. Nature, vol. 232, pp. 414-416.

왜냐하면 전자에서는 기회가 2번이고, 따라서 작은 무언가라도 더 건질 수 있어서 더 안전하다고 느끼기 때문이다. 이때 두 경우의 기대 가치가 동일하다는 논리는 별 설득력이 없게 된다.

왜 이런 현상이 일어나는 걸까? 추상적인 1/64이 쪼개져 여러 개의 1/4로 구성되면 각각의 1/4은 구체적이면서 피부에 더 잘 와닿으며, 따라서 더 두렵고 무언가 더 강하게 느껴지기 때문이다. 그래서 1번의 1/64보다는 3번의 1/4로부터 느끼는 감정의 총합이 더 크다. 이는 무엇을 의미하는가? 미국의 유명한 컴퓨터 보안 전문가 브루스 슈나이어Bruce Schneier가 이와 관련하여 매우 유명한 말을 했다.

"무언가를 막는다는 것은 철저히 위험에 대한 우리의 느낌에 의존한다."

이는 어떤 대상이 지니는 위험 그 자체의 객관적 측면보다는 그 대상을 우리가 어떻게 느끼는가에 따라 대처 방식과 정도가 크게 좌우된다는 것을 의미한다. 이를 두고 심리학자들은 '위험 인식에 작용하는 편향 요인'이라고 부른다.

원시 시대에는 어떤 대상으로 인해 실제로 위험해질 확률과 사람이 위험을 느끼는 정도가 상당 부분 일치했다. 호랑이, 늑대, 여우, 다람쥐로 인해 위험해질 확률이, 인간이 그 동물들을 보는 순간 느끼는 주관적 위험과 크게 다르지 않았다는 것이다. 하지만 지금은 어떨까? 복잡한 현대 사회에서는 어떤 대상이든 극단적인 양면성을 지니고 있다. 귀엽고 앙증맞게 생긴 소형차라도 시속 100km로 우리에게 달려온다면 치명적인 살인 무기가 되며, 고작 작은 알약 하나라도 자칫 잘못 먹었다가는 목숨을 잃게 될 수도 있다. 그런데도 우리는 어쩔 수 없이 주관적인 느낌만으로 실제 위험의 확률을 추정해야만 한다. 확률과 실제의 상당한 불일치가 일상생활 곳곳에서 발견될 수밖에 없다.

그리고 이러한 불일치의 결과는 우리의 생각과 행동을 실제 통계 자료가 알려 주는 것과는 정반대로 향하게끔 하곤 한다. 예를 들어 비행기 사고와 같이 드물고 심각한 위험은 운전 중에 발생할 수 있는 일상적인 위험보다 더 크고 비극적으로 느껴진다. 그래서 사람들은 언론에서 비행기 사고와 관련된 기사를 볼 때마다 비행기 탑승에 대한 공포와 두려움을 느끼고 이를 방지하거나 피하기 위해 노력한다. 하지만 통계적으로 여행객 1인당 사망자 수는 비행기보다 자동차에서 훨씬 더 높다.

범죄의 경우에도 마찬가지이다. 끔찍한 성범죄나 살인은 대부분 친숙하거나 잘 알고 있는 주위의 인물에 의해 일어나지만, 우리는 항상 낯선 사람을 경계하는 데에만 신경 쓰고 있다. 또한 자기 의지로 시작하고, 따라서 자신이 상당 부분 컨트롤할 수 있다고 여기는 스카이다이빙이나 흡연의 위험은 과소 추정되는 반면, 자신이 통제할 수 없는 상황이라고 생각되는 테러나 자연재해의 공포는 오히려 과대 추정되어 우리의 판단에 영향을 미친다.

브루스 슈나이어는 이러한 주관적 확률의 과대·과소 추정이 인터넷상에서도 그대로 재현되고 있다고 말한다. 예를 들어, 주로 즐겁고 행복한 내용으로 채워져 있는 웹 사이트에 들어가면 사람들은 자신의 개인 정보 유출에 대한 걱정이 극단적으로 감소하여 평상시보다 자신의 중요한 정보를 더 쉽게 흘려보낸다는 것이다. 하지만 위험은 대단히 비극적이고 충격적인 것이기보다는 대부분 우리의 일상생활에 존재하고 있는 것이다. 미국에서 총에 맞아 죽는 사람들보다 계단에서 미끄러지는 사고로 죽는 사람이 더 많다는 것만 보아도 잘 알수 있다. 하지만 미국인들은 총기에 관한 위험에는 어떻게든 대비하려고 하지만 자신의 집 계단에 깔려 있는, 낡아서 미끄러워진 카펫에 대해서는 대체로 무심코 지나친다.

우리도 미국인들과 같은 실수를 하지 않는다는 보장은 없다. 위험은 하나의 예일 뿐이다. 확률을 '느낌'에만 의존해서 판단하려 하지 말아야 한다. 너무 그럴 것 같은 것과 전혀 그렇지 않을 것 같은 생각은 정말로 그 생각이 맞는지 한 번쯤 돌아볼 필요가 있다. 인간이 확률의 판단에 사용하는 근거들 중 상당수가 실제 확률과는 무관한 것들이기 때문이다.

인간은 모든 것에 대해 심사숙고하지 않는다

인간의 뇌는 약 1.4kg에 불과하지만 무한에 가까운 다양한 생각을 하면서 활동한다. 그래서 뇌는 엄청난 에너지를 소모하며, 심사숙고할수록 에너지 소모량은 더욱 커진다. 그런데 지난 수십만 년 동안 인간은 많은 수가 굶어 죽었다. 에너지 소모량이 가장 많은 신체 부위인 뇌, 그리고 에너지 부족으로 사망한 인간. 이 둘 사이에서 늘 고민할 수밖에 없는 우리는 불필요하게 깊은 생각을 해서 에너지를 낭비하는 것을 본능적으로 싫어한다. 그래서 인지심리학자들은 인간을 '인지적 구두쇠cognitive miser'라고 표현한다.

컬럼비아대학교 경영대학원의 쉬나 아이엔가Sheena Iyengar 교수에 따르면 마트의 시식 코너에 24개의 잼을 놓았을 때보다 훨씬 더 적은 6개의 잼을 놓았을 때 판매가 급증한다. 너무 많은 대안을 놓고 고민하는 것을 인간이 본능적으로 싫어하기 때문이다. 이처럼 인지적 구두쇠인 인간은 그래서 결국 착각이라는 재미있는 기제를 만들어 냈다. 착각의 사전적인 의미는 '어떤 사물이나 사실을 실제와 다르게 지각하거나 생각함'으로, 어찌 되었든 생각을 하여 판단을 내렸기 때문에 성립이 가능한 개념이다. 다만 우리가 많은 생각을 거치지 않고 최종적인 판단을 내리고 싶은 구두쇠 같은 존재이기 때문에 종종 착각을 하게 되는 것이다.

그렇다면 착각을 최소화하려면 어떻게 해야 할까? 가장 이상적인 방법은 모든 일에 심사숙고하는 것이다. 하지만 이는 애초부터 가능하지 않다. 인간에게는 시간과 자원 모두 유한하기 때문이다. 그렇다면 차선은 어떤 것일까? 인지심리학을 공부하는 것이다. 왜냐하면 지금껏 수많은 인지심리학자들이 열심히 연구해 온 것 중의 하나가 바로, 인간은 어떤 상황에서 어떤 착각을 주로 하며 그것을 막으려면 어떻게 해야 하는가 하는 문제이기 때문이다.

앎과 모름의 식별 능력, 메타인지

공부든 일이든 정말 우수한 사람들과 평범한 사람들의 차이는 무엇일까? IQ일까? 가정환경 혹은 교육 수준일까? 물론 이러한 요인들에도 차이는 있을 수 있다. 하지만 실제로 조사해 보면 이런 차이는 생각보다 크지 않다. 결정적인 차이는 의외의 것에 있다. 바로 메타인지metacognition 능력이다. 메타인지란 무엇인가? 이를 알기 위해서는 먼저 우리가 언제 주로 실패하는지 되돌아볼 필요가 있다. 실패나 좌절은 주로 그 일이나 공부를 시작하기 전에 '생각했던 것보다' 혹은 '예상한 것보다' 현재의 내가 잘 못하고 있을 때 주로 경험한다. 즉 성공을 위해서는 이 괴리의 정도를 줄이는 것이 핵심이며, 메타인지는 정확히 이 측면에 관여한다.

수년 전에 나는 모 방송사의 〈부모 특강-0.1%의 비밀〉이라는 프로그램에 자문을 한 적이 있다. 이 프로그램에서는 전국 모의고사 석차 0.1% 안에 들어가는, 말 그대로 최우수 학생들과 평범한 학생들 간의 차이가 무엇인지 살펴보았다. 당황스럽게도 이 학생들은 IQ, 부모의 경제력이나 학력, 거주 지역 등 상식적인 요인에 있어서 평범한 학생들과 별다른 차이가 없었다. 이런 결과에 제작진조차 꽤 놀랐던 것으로 기억한다. 그런데 중요한 차이가 전혀 다른 곳에서 발견되었다. 바로 메타인지 능력이었다. 간단한 실험을 하나 인용해 보자.

"서로 연관성이 없는 단어(예, 변호사, 여행, 초인종 등) 25개를 하나당 3초씩 모두 75초 동안 보여 주었다. 그리고는 얼마나 기억할 수 있는가를 검사하였는데 여기서 중요한 건 검사를 받기 전 '자신이 얼마나 기억해 낼 수 있는가'를 먼저 밝히고 단어들을 기억해 내는 것이었다. 결과는 흥미로웠다. 0.1%의 학생들은 자신의 판단과 실제 기억해 낸 숫자가 크게 다르지 않았고 평범한 학생들은 이 둘 간의 차이가 (더 많이 썼든 혹은 적게 썼든 간에) 훨씬 더 컸다. 더욱 재미있는 사실은 기억해 낸 단어의 수 자체에 있어서는 이 두 그룹 간의 차이가 크지 않았다는 점이다. 즉 기억력 자체에는 큰 차이가 없지만 자신의 기억력을 바라보는 눈에 있어서는 0.1%의 학생들이 더 정확했다는 것이다. 이는 무엇을 의미하는 것일까? 바로 메타인지 능력에 있어서의 차이다."[10]

자, 이제 메타인지가 무엇이며, 무엇을 위한 것인지 분명해졌다. 메타인지란 자기 자신의 사고 활동 자체에 대한 지식과 조절을 뜻한다. 즉, 내가 무엇을 알고 모르는지에 대해 아는 것은 물론이고, 내가 모르는 부분을 메우기 위해 어떻게 해야 하는지 아는 것까지 모두 포함한다.

그렇다면 메타인지는 왜 필요할까? 시간이 한정적인 인간은 어

---

10 — 김경일, 《지혜의 심리학》, 진성북스, 2017

떤 일을 하기 전이나 하는 중간에 '나는 이 일을 얼마나 잘할 수 있을까?' 하고 가늠해 보아야 한다. 그래야만 그 일에 어느 정도의 시간과 노력을 투자할지 결정할 수 있기 때문이다. 그리고 이 판단은 되도록 빨리 해야 하며 실제로도 인간은 그렇게 할 수 있다. 하지만 그 대가로 정확도는 떨어질 수밖에 없다. 컴퓨터처럼 '모른다(즉, 그 파일이 없다.)'라고 대답하기 위해 자신의 하드디스크 전체를 탐색하지는 않기 때문이다.

그렇다면 이 판단은 어디에 의존하는 것일까? 컴퓨터와는 달리 인간은 '친숙함'에 의존한다. 즉, 어떤 대상이나 일이 친숙하면 잘 알고 있다거나 잘할 수 있을 거라고 판단하는 것이다. 친숙함과 정확성은 물론 연관이 있을 가능성이 크긴 하지만 엄연히 구분되는 것이며, 독립적인 판단의 대상이다. 그럼에도 우리는 실생활에서 친숙함을 '잘할 수 있음' 혹은 '잘 알고 있음'과 자주 혼동한다. 자동차를 운전하고 가다가 고장이 나 멈춰 섰을 때 자신 있게 보닛을 열어 보지만 결국 아무것도 하지 못하거나, 선행 학습을 많이 한 학생이 학교에서 넋 놓고 공부를 하지 않는 이유는 모두 친숙하기만 하고 실제로는 모르기 때문이다. 즉 메타인지가 제대로 작동하지 않은 결과이다.

그렇다면 친숙함의 함정에 빠지지 않으면서 메타인지가 빠른 판단을 할 수 있게 하는 방법은 무엇일까? 분명한 방법이 하나 있는데, 이와 관련하여 나는 항상 이렇게 강조하곤 한다.

"세상에 두 가지 지식이 있다. 첫째는 알고 있다는 느낌은 있는데 설명할 수 없는 지식이고, 둘째는 알고 있다는 느낌에 더하여 설명도

할 수 있는 지식이다. 그런데 두 번째만이 진짜 지식이다."

즉, 열쇠는 설명이라는 메커니즘에 있다. 무언가를 배웠다면, 혹은 무언가를 알고 있는지 확인하고 싶다면 반드시 설명을 해 보아야 한다. 그래야만 친숙함과 실제 아는 정도의 괴리를 확인하여 줄여 나갈 수 있기 때문이다.

그 과정은 이렇다. 설명은 필연적으로 인과관계를 포함하고 있으며, 따라서 우리는 '왜냐하면'이라는 단어를 자주 사용하게 된다. 잘 설명할 수 있을 것 같았는데 중간중간 이 '왜냐하면' 다음에 올 말을 모르겠다면, 우리는 메타인지의 잘못된 판단의 결과표를 받아 들고 있는 것이다. '설명'은 바로 그 소중한 피드백을 우리 자신에게 줄 수 있는 유일한 방법이다.

많은 학생들이 토론식 수업이나 발표 수업을 기피한다. 하지만 스터디 그룹의 가장 큰 수혜자는 남의 발표를 듣는 사람이 아니라 많은 시간과 노력을 들여 발표(즉 설명)를 준비한 사람이다. 발표를 통해 그 내용을 진짜 자기 지식으로 만들기 때문이다. 일이든 공부든 '입'을 열어야 한다. 침묵하며 진행한 일이나 공부는 어딘가에 중요한 허점이 있을 수밖에 없다. 우리는 그것을 실패라고 부르며, 실패는 좌절을 부른다. 인지심리학자들은 인간의 수많은 착각을 소개하고, 그러한 착각을 막기 위해 어떤 조치를 취해야 하는지 연구해 왔다. 메타인지도 그 많은 연구의 한 결과이다.

3장

관계와 인지:
인간관계에 따라서 달라지는 생각

    사회적 존재라는 우리 인간은 늘 누군가를 만난다. 서로 어울려 살다 보면 다른 사람으로 인해 상처받기도 하고 화가 나기도 한다. 그래서 때로 이런 생각을 한다.

    '아무런 방해도 받지 않고 혼자 있고 싶다!'

    현대 사회에서 살아가는 사람들은 각자 자기 역할이 있으며, 여기에 다른 사람들에 대한 의무마저 더해져 삶의 무게는 무겁기만 하다. SNS가 발달하면서 사람들과의 관계는 더욱더 복잡하게 얽혀 있다. 그런데 만약에 그 관계가 사라져 버린다면? 즉 주위에 아무도 없게 된다면 어떨까? 그 고립감은 생각보다 훨씬 클 것이다. 사람들은 이런 상황을 그리 오래 버티지 못한다.

    몇 년 전 모 방송사에서 의식주에는 전혀 문제가 없는 상태로 참가자가 홀로 숙소에서 어떻게 (또 얼마나) 지내는지 실험하여 방송한 적이 있다. 처음에는 최소 일주일은 충분히 버틸 수 있다고 자신만만해 하던 참가자들은 채 이틀이 지나기 전부터 외로움을 토로하고 때로는 혼잣말을 중얼거리기도 하다가 마침내 중도에서 실험을 포기하고 말았다. 다른 사람이 옆에 없다는 것은 그만큼 견디기 힘든 것이다.

시각과 청각을 모두 잃었기에 해당되는 감각이 없을 때 어떤 어려움을 겪는지 누구보다 잘 아는 헬렌 켈러Helen Keller가 남긴 말이 있는데, 그녀의 말은 인간에게 타인의 존재가 얼마나 중요한지 잘 설명해 준다.

"듣지 못하는 것은 보지 못하는 것보다 더 불행하다. 왜냐하면 보지 못하는 것은 사람을 사물들에게서 고립시키지만, 듣지 못하는 것은 그를 사람들에게서 고립시키기 때문이다(Being deaf was worse than being blind because blindness isolated one from things, but deafness isolated one from people)."

실제로 헬렌 켈러와 관련한 후일담을 읽어 보면, 그녀가 사람들에게 가까이 가지 못하고 사람들과 소통할 수 없는 것을 가장 괴로워했다는 것을 알 수 있다. 우리가 살아가면서 가장 중요한 것이 다른 사람과의 관계임을 보여 주는 좋은 예가 아닐 수 없다.

따라서 극히 일부지만 살아가면서 타인을 전혀 만나 보지 못한 사람들은 그 행동과 말이 아주 기이할 수밖에 없다. 유명한 예가 지니 와일리^{Genie Wiley}이다. 1970년 13세의 나이로 미국 LA에서 발견된 지니 와일리는 집에서 탈출하기 전까지 빛이 거의 들어오지 않는 방에서 혼자 지내며 타인과 평범한 관계를 맺지 못했다. 지니는 사회복지 시설에 맡겨졌고 각계각층의 노력이 뒤따랐지만 끝내 정상적인 언어와 행동 양식을 갖춘 사람으로 성장하지는 못했다.

또한 형무 시설의 수감자들에게도 가장 피하고 싶은 내부 처벌은 '독방'이다. 왜냐하면 이 독방에서는 극단의 불안에서 오는 공포, 심지어는 환상을 경험하기 때문이다. 사람이 다른 사람을 만나지 못한다는 것은 정말로 끔찍한 일이다.

왜 우리는 늘 사람을 만나고 싶어 할까?

왜 우리는 항상 다른 사람을 만나고 그들과 관계를 맺고 싶어 할까? 이 질문에 대한 대답은 정말 다양할 수 있다. 하지만 가장 중요한 점은 만남과 관계가 감정이라는 것을 경험하게 하기 때문이라는 것이다. 인간에게는 참으로 다양한 감정, 즉 정서가 있다. 행복이나 기쁨과 같이 경험하고 싶은 것도 있지만, 슬픔이나 불안처럼 그 반대인 것도 있다. 그런데 어떤 정서든 나 혼자만으로는 혹은 나와 인간 아닌 다른 대상과의 관계만으로는 충분하고 적절하게 느끼기가 어렵다. 감정이란 대개 다른 인간과의 만남과 대화를 통해서 가능한 것이다.

게다가 정서를 제대로 발달시키는 것은 참으로 중요하다. 왜냐하면 우리는 이 정서와 정서의 공유인 공감을 통해 한 문화 내에서 이전 세대의 경험과 지식을 전수받고 한 사람의 인간으로 성장하기 때문이다. 그리고 이러한 내용은 교과서에 나오는 것보다 더 중요할지도 모른다. 예를 들어, 우리는 엄마가 화내는 모습을 보며 해야 할 것과 하지 말아야 할 것들을 알아 가게 되며, 친구들과 함께 지내면서 다양한 정서를 경험하고 공유하는 과정을 거쳐 사회나 집단이 나에게 원하는 것이 무엇인지 인식하게 된다. 정서 없이는 불가능한 일들이다. 그렇기 때문에 무연민, 무공감, 무정서인 상태가 지속되면 사이코패스와 같은 극단적인 인물이 만들어지기도 한다.

더욱 중요한 것은 사람들과 만나고 관계를 형성하면서 인간 내부의 중요한 욕구들이 아주 잘 충족될 수 있다는 점이다. 예를 들어, 인간에게는 불확실함을 줄이고자 하는 욕구가 있다. 불안을 참으로 싫어하는 인간은 불안을 극대화하는 불확실함과 모호함을 본능적으로 피하려 하는 경향이 있다. 살아가면서 우리는 불확실한 상황을 자주 만나게 된다. 그런데 타인과 같이 있으면서(더 정확히는 타인과 의사소통을 해 나감으로써) 그 불확실함이 상당 부분 해소가 된다. 왜냐하면 이른바 상대적 역할이 정해지기 때문이다. 나보다 많이 어린 아동과 함께 있으면 나의 역할은 '보호자'가 되고, 우리나라에 온 외국인과 함께 있으면 '안내자'의 역할이 된다. 이로써 불확실한 세상에서 내가 할 일과 생각해야 할 것이 분명해지는 상황으로 변하게 되는 것이다. 혼자 우두커니 있을 때 우리가 문득문득 나의 존재와 역할에 대해 의문이 드는 것도 마찬가지 이유 때문이다. 상대적 관점에 기초해 자신을 평가하거나 위치시키는 것에 익숙한 인간에게 타인의 존재는 불확실함을 제거해 주는 좋은 도구가 된다.

인간이 지닌 이른바 '포함의 욕구'도 만남과 관계에 의해 충족될 수 있다. 인간은 본능적으로 무리를 지어 살아가려고 한다. 인간에게는 두 가지 상반된 욕구가 있다. 자율적으로 생각하고 판단하며 행동하려는 욕구와, 다수의 사람들이 모인 어떤 집단에 소속되어 보호받고 또 지지받고 싶어 하는 욕구이다. 포함의 욕구는 당연히 후자에 해당된다. 물론 한 인간이 다른 사람들을 만나 소통하고 관계를 맺고 싶어 하는 강한 소망의 이유는 이 외에도 셀 수 없이 많다. 인지심리학을 공부하다 보면 그 이유를 하나하나 구체적으로 이해해 갈 수 있을 것이다.

부정어를 사용한 표현이 의사소통에 미치는 영향

어떤 사람이든 다른 사람들과 다양한 형태의 관계를 맺고 살아간다. 그리고 이러한 관계의 유지, 강화 혹은 단절은 그들과 어떻게 의사소통하는가에 달려 있다. 그렇기 때문에 수많은 연구자들이 인간의 의사소통에 관해 연구해 왔고, 메시지의 전달자와 수신자 간의 상호작용, 개방적인 성향이 미치는 영향, 칭찬과 비판의 효과, 심지어는 제스처와 같은 비언어적 요소의 영향력까지 실로 다양한 요인에 대하여 수많은 연구가 진행되어 왔다.[11] 이를 제한된 공간에서 한 번에 모두 다룬다는 것은 당연히 불가능하겠지만 그중 흥미로운 주제 하나를 뽑아 의사소통이 아주 미묘한 요인에도 얼마나 많은 영향을 받는지 생각해 보는 것은 의미 있는 일이 될 것이다.

여기에서는 '부정어'가 포함된 화법이나 표현이 의사소통의 결과를 어떻게 바꾸는가의 예를 통해 이를 살펴보고자 한다. 영어에서는 'not'이 대표적인 부정어이고, 우리말에서는 '아니'나 '못', '아니다', '말다' 등이 여기에 해당된다.

우리는 어떤 말을 할 때 '○○하지 않는다.'라는 식의 표현을 부지불식간에 자주 사용한다. 그 반대말에 해당하는 'XX한다.'라는 말을 쓰면 될 것을 굳이 이렇게 부정적인 표현을 쓰는 이유가 무얼까? 여기에는 심리학적으로 꽤 재미있는 이유가 숨어 있다. 결론부터 말하자면 일종의 안전장치를 마련하고자 하는 심리가 무의식적으로 작용하기 때문이다. 하지만 그 안전장치로 인해 종종 의미가 제대로 전달되지 못해 불협화음이 생기기도 하므로 사용에 유의해야 한다.

1940년대에 도널드 러그Donald Rugg라는 미국의 사회 조사 전문가가 시행한 조사에서는 부정어를 사용함으로써 재미있는 역전 현상이 일어나는 것을 관찰할 수 있었다. 그중 유명한 예가 이른바 허락allow과 금지forbid의 차이이다.[12] 도널드 러그는 당시의 미국인들에게 다음과 같이 물어보았다.

---

11 — 의사소통에 대해 보다 심도 있는 이해를 원하는 독자에게 《성공적 인간관계》(홍대식, 박영사, 2011), 《젊은이를 위한 인간관계의 심리학》(권석만, 학지사, 2017) 등을 추천한다.

12 — Rugg, D. (1941). Experiments in wording questions: II. Public Opinion Quarterly, 5, 91-92.

"우리나라(미국)에서 민주주의를 비판하는 대중 연설을 허락해야 한다고 생각하십니까?"

이 질문에 62%의 미국인들이 '아니오'를 선택했다고 한다. 거의 2/3에 해당하는 수이다. 하지만 질문을 살짝 바꾸면 결과가 상당히 달라진다.

"우리나라(미국)에서 민주주의를 비판하는 대중 연설을 금지해야 한다고 생각하십니까?"

이 질문에 미국인들은 46%만이 '예'라는 대답을 선택했다. 첫 번째 질문에 대한 '아니오'와 두 번째 질문에 대한 '예' 모두 결국 의미상으로는 같은데도 말이다. 왜 이런 불일치가 나온 걸까? 그리 어렵지 않은 추측이 가능하다. 허락을 반대하는 것은 금지보다는 한발 물러나 있는, 즉 심리적 퇴로가 좀 더 넓은 표현이다. 여기서 퇴로는 덜 단정적이고 덜 용감하며, 따라서 부담이 적다는 것과 일맥상통한다. 다시 말하자면 '허락하지 않는다not allow'와 '금지한다forbid'는 의미상으로는 같지만 심리적인 강도에 있어서는 후자가 당연히 더 강하며, 때론 근본적으로 다르게 생각될 수도 있다는 것이다.

도널드 러그가 그 시대에 실시했던 또 다른 여론 조사에서도 유사한 현상이 관찰됐다. "임신중절을 금지해야 한다."라는 문장보다는 "임신중절을 허용하면 안 된다."는 문장을 사용함으로써 응답자들로부터 '그렇다' 혹은 '그 의견에 찬성한다.'와 같은 긍정적 반응을 훨씬 더 많이 이끌어 낼 수 있었다. 여기서도 후자의 질문에 사람들이 느끼는 심리적 퇴로가 더 넓어 부담감이 적었을 것이다.

이런 연구 결과를 통해 우리가 알 수 있는 바는 무엇인가? 예를 들어, A라는 말의 반대어라고 우리가 일반적으로 생각하는 B라는 말이 정확하게 'is not A'를 의미하지는 않는 경우가 많다는 것이다. 'is not A'라는 식의 표현은 대부분의 경우 B를 비롯하여 더 많은 경우와 가능성을 포함하기 때문이다.

만약 "나를 사랑하는가?"라는 질문에 "사랑하지 않는다."라는 답을 듣게 되면 생각이 복잡해진다. '단순히 좋아하는 걸까?', '관심이 없다는 걸까?' 혹은 '다른 느낌을 가지고 있다는 것인가?' 등등 별의별 생각이 다 들게 된다. 따라서 분명하게 말해야 할 때 혹은 정확한 의사 표현을 해야 할 때는 되도록 "○○하지 않는다." 같은 부정적인 표현은 최소화해야 한다. 그러지 않으면 의미를 전달하는 쪽과 받아들이는 쪽 사이에 그 의미의 '정도'나 '강도'에 있어서 괴리가 발생하고, 이로 인해 오해의 소지가 생길 수 있다.

그럼에도 불구하고 우리는 부정어를 포함한 표현을 자주 사용한다. 어떨 때 부정어를 사용할까? 한마디로 자신이 없을 때나 책임을 조금 덜 지고 싶을 때이다. 국정감사에서 질문 공세를 받는 공직자들이 "그런 경향이 있습니다."도 아닌 "그런 경향이 없지 않아 있습니다." 같은 표현을 빈번하게 사용하는 것도 마찬가지 이유이다.

그런데 이런 표현이 과다하게 사용된다면 어떨까? 앞서도 말했듯 상대방의 오해를 사기 십상이다. 왜냐하면 그 부정어로 인해 해석 가능한 의미가 넓어지고, 제각각 다른 의미로 받아들일 수 있기 때문이다. 그 결과는 당연히 소통의 어려움으로 이어진다. 그러므로 표현은 명확해야 한다. 특히 여러 사람을 대상으로 할 때는 더욱 그렇다. 나이를 먹을수록, 리더의 자리로 올라갈수록, 1대 다수의 의사소통 상황이 많아진다. 그러니 부정어를 빈번하게 사용하는 표현 방식이나 화법을 필요 이상으로 많이 쓰고 있는지 우리 각자가 되돌아볼 필요가 있다.

말을 바꿈으로써 변화되는 마음

부정어가 의사소통에 오해를 불러올 여지가 있음에도 불구하고, 언어 분석 연구들을 종합해 보면 최근 일상생활의 대화나 글에서 부정어의 사용 빈도가 점점 더 증가하고 있다. 이 분야를 연구하는 대부분의 연구자들은 부정어를 포함하는 표현이 많아지는 것이 불안 혹은 의도를 감추고 싶은 거짓마음과 깊은 관련이 있다고 한다.[13][14] 그런데 이에 못지않게 우리의 흥미를 끄는 부분은 생각이 만들어 내는 이러한 말을 바꿈으로써 역으로 생각이나 마음에 변화를 줄 수도 있다는 것이다. 이 분야의 유명한 연구자인 미국 텍사스대학교 제임스 페니베이커[James Pennebaker] 교수는 언어의 사용 패턴을 교정함으로써 심리적인 개선 효과를 볼 수 있음을 여러 가지 연구를 통해 보여

---

13 — Weintraub W. 1989. Verbal Behavior in Everyday Life. New York: Springer
14 — Newman, M.L., Pennebaker, J.W., Berry, D.S., & Richards, J.M. (2003). Lying words: Predicting deception from linguistic style. Personality and Social Psychology Bulletin, 29, 665-675.

주고 있다. 교정이라고 해서 너무 어렵게 생각할 필요는 없다. 글이나 말에서 부정어 사용을 최소화하고 허심탄회한 표현을 자주 하게 되면 자신의 내면에 있는 여러 가지 왜곡된 측면들이 자연스럽게 제자리를 찾아간다는 것이 핵심이기 때문이다.[15] 이래저래 의사소통에 있어서 마음과 말의 관계는 정교하기 그지없다.

물론 다른 사람에게 무심결에 허심탄회하고 솔직한 표현을 썼다가 구설수에 휘말리거나 반발을 사게 되는 경우도 있을 수 있다. 하지만 나 혼자만 보는 글이라면 그런 표현을 마음 놓고 할 수 있다. 좋은 예가 일기이다. 일기는 자신의 역사를 기록하는 일일 뿐 아니라 언어의 교정을 통한 심리적 개선, 더 건강한 의사소통을 위한 좋은 연습의 기회가 된다. 실제로 일기 쓰기를 통해 대인 관계 능력이 향상된다는 것을 보여 주는 연구나 실제 경험들을 국내외에서 어렵지 않게 찾아볼 수 있다. 일기를 써야 하는 중요한 이유가 하나 더 늘어난 셈이다.

권위가 만들어 내는 복종과 자기 합리화

심리학사에 유명한 실험은 여러 가지가 있겠지만 그중에서도 거의 모든 심리학 개론 서적에 빠짐없이 등장하는 실험이 바로 1960년

---

15 — Pennebaker, J.W. (2010). Expressive writing in a clinical setting. The Independent Practitioner, 30, 23-25.

대 예일대학교 심리학과의 스탠리 밀그램Stanley Milgram 교수가 시행한 복종 실험이다.[16] 이 실험은 언어와 심리의 관계를 보여 줄 뿐 아니라 권위 혹은 권력에서 나오는 부정하거나 정의롭지 못한 지시에 한 개인이 자신의 자아를 잃고 얼마나 쉽게 복종하는가를 매우 잘 보여 주는 연구이기도 하다. 이 연구는 아래와 같은 실험실에서 이루어졌다.

실험 참가자는 실험의 목적을 모른 채 선생님T: teacher의 역할을 맡는다. 칸막이 뒤에는 학생 역할을 맡은 사람L: learner이 문제를 풀고 있고, 선생님은 학생이 문제를 틀릴 때마다 전기 충격을 16V(볼트)씩 올리라고 실험자E: experimenter에게 지시받

는다. 물론 실험자와 학생은 사전에 시나리오대로 움직이는 사람들이고 실제로 전기 충격을 받지는 않는다. 오직 선생님만 이 실험의 목적과 내용을 모르고 있다. 일종의 몰래카메라인 셈이다. 선생님 역할을 맡은 참가자는 지시받은 대로 학생이 문제를 틀릴 때마다 전기 충격의 수준을 올렸고, 그때마다 학생은 괴로운 척하는 연기를 했다. 참가자들은 대부분

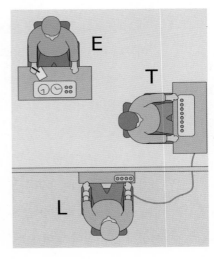

■ 스탠리 밀그램 교수의 복종 실험
ⓒ위키미디어 공용(Fred the Oyster)

16 — Milgram, S. (1963). "Behavioral Study of Obedience". Journal of Abnormal and Social Psychology 67 (4): 371-378.

몇 번 정도 전기 충격을 주고는 더 이상 못 하겠다고 실험자에게 얘기했다.

그러나 실험자가 "그 정도의 전기로는 사람이 죽지 않습니다. 결과에 대해서는 제가 모든 책임을 지겠습니다."라고 하자 놀랍게도 참가자의 무려 65%(40명 중 26명)가 450V에 해당하는 전기 충격에 도달할 때까지 버튼을 계속 눌렀다. 상식적으로 450V라면 거의 모든 사람이 죽을 수밖에 없는데도 말이다. 심지어 원숭이조차도 자신이 어떤 버튼을 눌렀을 때 다른 원숭이가 괴로워하는 모습을 보게 되면 그 버튼을 오랫동안 누르지 않는다고 한다. 그 버튼을 누르면 먹이가 나옴에도 불구하고 말이다. 어째서 인간은 이런 일을 하는 것일까? 원숭이보다 더 뛰어난 존재라고 자부하면서 말이다.

이 실험에서 가장 중요한 핵심은 실험 참가자가 자신이 모든 책임을 지겠다는 실험자의 메시지를 들었다는 점이다. 그리고 그 실험자는 심리학 연구에 상당한 경험이 있는 것 같은 분위기를 자아내고 있었다. 따라서 일종의 '권위'가 있는 셈이다. 450V의 버튼을 눌렀던 참가자들은 실험이 모두 끝난 뒤 왜 전기 충격을 계속 주었느냐는 질문에 '지시대로 따랐을 뿐'이라는 핑계를 댔다. 만일 그 실험자가 어리숙하고 경험이 적어 보이는 나이 어린 조교였어도 그런 핑계를 댔을까? 아마도 아닐 것이다. 그렇다면 이런 일이 왜 가능했는지 답이 나온다. 권위에 따르는 것은 우리로 하여금 내 행동에 책임을 지지 않아도 된다는 자기 합리화를 가능하게 한다. 실제로 그 행동을 하는 것은 바로 나 자신이면서도 말이다.

많은 사람에게 큰 피해를 입힌 잘못을 저지른 고위 공직자나 금융계 인사가 검찰에 출두하면서 수치스러워하거나 반성하기는커녕 고개를 빳빳이 들고 당당한 얼굴로 이런 말을 하는 경우를 종종 볼 수 있다. '조직 혹은 윗선의 지시에 따른 것뿐'이라는 것이다. 인간은 자신의 양심을 종종 이 권위와 맞바꾼다. 그렇다면 이 사람들은 자신이 한 일이 부도덕하거나 나쁜 짓이라는 것을 정말 몰랐을까? 수사나 조사 과정에서는 자신의 행동이 가져올 파급 효과에 대해 당시에는 잘 몰랐다고들 하겠지만, 아닐 가능성이 더 높다. 신경과학적 방법을 사용한 심리학 연구들은 그 몰랐다는 변명에 일침을 가한다. 당신은 분명히 알고 있었다고 말이다.

불공정함의 지각과 수용은 별개의 문제

심리학뿐만 아니라 경제학, 사회학 등 사회과학 분야 전반에 걸쳐 자주 사용되는 게임 형태의 실험 과제가 있다. 이른바 최후통첩 게임 ultimatum game이라는 것이다. 여기에는 A와 B 두 명이 게임을 하게 된다. 예를 들어 A에게 10만 원이 주어진다. A는 자신이 받은 돈의 일부를 B에게 나누어 주어야 하는데, 얼마를 줄지는 자유이다. 그리고 B는 A가 주는 돈을 받거나(수용) 거부할 수 있다. B가 A의 제안을 수용하면 그 제안대로 각자 돈을 나누어 가질 수 있으며, 만일 거부하면 A와 B 모두 돈을 전혀 받을 수 없다. 만일 A가 돈을 5대 5로 나누자고 제안한다면(아마도 이 제안은 공정한 제안일 것이다.) B는 두 사람 모두 돈을 받을 수 없는 '거부'를 하지 않고 '수용'할 가능성이 크다. 반면 A가 자신이 8만 원을 가지고 B는 2만 원만 가지라는(즉 불공정한) 제안을 한다면 어떤 일이 일어날까? B가 된 사람 중 대부분은 이러한 불공정한 제안을 거부한다.

그런데 이는 어찌 보면 바보 같은 일이다. 왜냐하면 A의 제안을 수용하면 어쨌든 2만 원의 공돈이 생기는데 이를 거부하는 것이기 때문이다. 심지어는 이러한 불공정한 제안을 받아들일 경우 가질 수 있는 돈이 자신의 1~2개월치 월급에 해당하더라도 거부하는 사람들이 상당히 많다. 사람들은 이 정도로 불공정이나 불평등을 혐오한다. 자신이 무언가를 가지지 못하더라도 불공정한 제안이나 지시를 내리는 사람이 큰 이익을 취하는 것을 막으려 한다는 것이다.

이후의 신경과학 연구에서는 더욱 구체적으로 이를 설명해 준다. 연구자들은 최후통첩 게임에서 참가자가 불공정한 제안을 받을 경우 배외측 전전두피질DLPFC: dorsolateral prefrontal cortex이 평상시보다 훨씬 더 많이 활성화된다는 것을 발견했다.[17] 그렇다면 이 뇌 영역이 '불공정함'을 알아차리게 만들어 주는 곳일까? 이후의 연구들은 조금 더 복잡한 이야기를 해 준다. 이 영역 중 일부가 바로 '신뢰'를 담당하는 곳이라는 것이 밝혀진 것이다. 이 영역이 손상된 환자는 제안을 하는 사

---

17 — Sanfey, Rilling, Aronson, Nystrom, & Cohen (2003), The neural basis of economic decision making in the Ultimatum game, Science 300, 1755-1758.

람이 얼마나 믿을 수 있는 사람
인가 판단하는 능력이 떨어지며,
대부분 마냥 믿는 경향성을 보이
는 것으로 나타났다.[18] 상대를 믿
기 때문에 불공정한 제안을 받아
들였다는 것이다. 우리는 일상생
활에서 이런 일을 자주 경험한

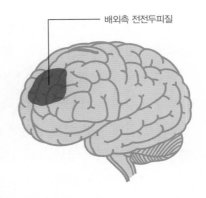

배외측 전전두피질

다. 가족 혹은 가까운 친구들에게서 부적절한 제안이나 지시를 받았
을 때 '이러지 말아야 하는데……'라고 생각하면서도 결국 그 일을
하는 이유가 그들을 믿기 때문이다.

보다 중요한 점은 이 영역이 손상된 환자들조차도 자신에게 주어
진 제안이 얼마나 불공정한 것인지 이야기해 달라는 요청에는 정상
인과 다르지 않은 판단 능력을 보여 준 것이다. 즉, 불공정함을 지각
하는 것과 받아들이는 것은 별개의 문제라는 것이며, 모르기 때문에
그것을 무작정 실행하거나 받아들이는 것이 아니라 알면서도 한다는
것이다. 뇌의 또 다른 영역이 손상되어 지적인 판단이 불가능한 경우
가 아니라면 말이다.

그런데 어쩌면, 어떤 대상이 충분히 신뢰할 만하지 않은데도 믿어
버리고 싶은 욕구가 우리에게 있는 것은 아닐까? 더 구체적으로 말

---

18 — 같은 이유로 DLPFC가 손상된 환자들은 상대방이 지나치게 모험적인 사업 제안을 해도 받아들이는 경향성이 정상
인보다 더 높다. 상대방에 대한 신뢰 판단이 제대로 되지 않기 때문이다.

하자면 앞서 논의했듯이 불공정한 제안에 신뢰를 주거나 권위를 부여해 버리면 내 행동에 따르는 책임이 나에게서 떠날 것이라는 암묵적인 생각을 하는 것이 아닐까? 충분히 가능한 일이다. 왜냐하면 인간에게는 자신의 행동을 합리화하고픈 강한 욕구가 있으며, 이러한 합리화를 위해 가장 쉬운 방법이 내 행동의 원인을 나 자신이 아닌 외부에 두는 것이기 때문이다. 이는 한편으론 비겁하기도 하고 또 한편으론 어리석은 생각이기도 하다. 대부분의 경우 세상은 그 행동에 따르는 책임을 다른 누구도 아닌 바로 나에게 물을 테니 말이다.

카리스마의 강박

생물학자들에 의하면 심지어 개미조차도 몇 마리만 모이면 리더와 팔로워follower의 역할을 나눠 갖는다고 한다.[19] 즉, 어딘가로 이끄는 개미와 이를 따르는 다른 개미들로 나뉜다는 것이다. 인간도 예외가 아니다. 아니, 사실 이는 인간에게 가장 두드러지게 나타나는 현상이며, 인간보다 더 열등하거나 단순한 존재라고 여겨지는 생명체들에게서조차 이와 같은 현상이 점차 확인되고 있다는 것이 더 정확한 표현일 것이다. 지구상에서 살아 움직이는 수많은 생명체들이 군집, 즉

---

19 — Franks NR, Richardson T (2006). "Teaching in tandem-running ants". Nature 439 (7073): 153. doi:10.1038/439153a. PMID 16407943.

사회를 이루면 이내 이끄는 존재와 따르는 존재로 나뉜다. 예를 들어, 친구들이 모여도 어디로 갈지 혹은 무엇을 먹을지 의견을 내고 결정을 주도하는 사람과, 그 의견을 듣고 따를지 말지 결정하기를 더 좋아하는 사람들이 있다. 이는 아마도 군집이 가능한 대부분의 생명체에게 자연스럽고 보편적인 현상인 듯하다.

그런데 지금까지는 주로 이끄는 쪽 사람들이 어떻게 하면 무리를 잘 이끌까에 관심을 가져 온 것이 사실이다. 이른바 '리더십'이다. 리더십은 오늘날 정말 많은 강연과 글의 중요한 소재가 되었다. 그만큼 우리는 이끌기의 중요성과 방법에 주로 심취해 왔다. 사람과 사람의 관계에서 '이끌기'와 '따르기'를 마치 우열 혹은 상하의 관계로 인식하면서 이끄는 것이 좋은 것이고 이끄는 자가 더 우수하다는 생각을 우리 모두가 무의식적으로, 또한 필요 이상으로 많이 하게 된 것이다. 물론 완전히 틀린 말은 아니지만, 사실 이끄는 쪽보다는 따르는 쪽이 훨씬 다수이며, 이처럼 다수의 사람들이 어떻게 따르는가 하는 것의 중요성은 그동안 우리가 잘 인식하지 못했다. 최근에는 이러한 팔로워십을 강조하는 동향이 뚜렷이 확인된다.

요약하자면 최근에는 리더십과 팔로워십을 따로 구분하기보다는 인간관계에 있어서 이끌기와 따르기를 한 동전의 양면과도 같이 생각하는 것이 더 현명하다는 결론에 도달하고 있다. 하지만 현실은 아직 이런 추세가 반영되지 못하고 있는 듯하다. 학문적으로도 '거래형 리더십에서 변혁적 리더십으로의 전환'을 비롯해 다양한 입장들이 존재하지만, 여전히 많은 사람들이 이끌기와 따르기의 관계를 "리더라면 카리스마가 있어야지!" 정도의 관점으로만 보고 있는 듯하다. 이는 매우 협소한 생각일 뿐만 아니라 원인과 결과를 혼동하는 측면마저 있다. 왜 그런지 더 자세히 살펴보자.

우리가 일반적으로 어떤 사람의 카리스마에 대해 이야기할 때 그것은 사실 결과에 가깝다. 무슨 말이냐 하면, 어떤 리더가 팔로워들을 무리 없이 잘 이끌고 가면 사람들이 그 결과를 놓고 "카리스마 있다." 라고 말한다는 것이다. 그런데도 우리는 카리스마란 사람들을 이끄는 강한 힘이라는 고정관념을 버리지 못한다. 리더들도 카리스마에 대한 강박을 가지는 듯하다. 그래서 거친 모습을 보이는 사람을 "카리스마 있다."라고 할 때도 종종 있다. 하지만 당연하게도, 누군가 거칠다고 해서 그 사람을 따르는 것은 아니다.

카리스마란 사실 'gift(신이 인간에게 준 재능)'라는 뜻이며, 따라서 특별한 재능에 관한 다양한 측면을 통칭한다.[20] 사전적으로는 '대중을 심복시켜 따르게 하는 능력이나 자질'을 뜻한다. 학문적으로는 훨씬 더 넓은 의미와 역사를 지니고 있다. 그런데 우리는 은연중에 그 능력과 자질을 '거친 물리적 힘'이라고만 생각한다. 그래서 "그 사람 카리스마 있다."라고 하면 이른바 야성적이고 남의 말을 잘 듣지 않는 이미지를 떠올린다. 더욱이 우리 스스로도 카리스마를 가져야겠다고 마음먹었을 때 과격하고 다소 우스꽝스러울 정도의 침묵이나 거친 언행을 해 보았던 부끄러운 기억이 한두 개쯤 있을 것이다. 그런

---

20 — 물론 카리스마의 의미는 영역에 따라 훨씬 더 다양하다.

데 이는 사람의 마음을 움직이는 힘을 그야말로 협소하게만 보는 것이다. 우리가 어떤 사람을 진심으로 따르는지 되돌아보기만 해도 쉽게 알 수 있다. 부모님, 선배, 혹은 직장 상사 중 그런 협소한 의미의 카리스마가 있기에 우리가 따르는 사람이 얼마나 있을까?

수많은 자기계발서에서 이끄는 사람의 역량과 자질에 관하여 논하고 "이렇게 하라." 혹은 "이런 리더가 되어라."라고 조언한다. 물론 어느 정도는 옳은 말들이다. 하지만 이러한 파편화된 행동 강령들은 현실 상황에서 따라 해 보려면 잘 들어맞지 않는 경우가 많고, 따라서 더 큰 혼란을 주기도 한다. 그렇다면 이끌기의 본질은 무엇일까? 이를 이해하기 위해서는 리더십이나 인간관계라는 특정한 측면을 논할 것이 아니라 인간의 본성 자체에 대해 이해해야 한다. 결론부터 말하자면 그것은 '정직성'이다.

이끌기와 따르기의 본질, 정직성

심리학자들은 한목소리로 인간관계의 본질은 서로에 대한 정직성이라고 말한다. 하지만 안타깝게도 현대 사회에서는 이 정직이라는 말의 의미가 크게 퇴색된 듯하다. 이른바 '정직하면 손해 본다.'라는 오해가 만연하기 때문이다. 하지만 결론부터 말하자면, 인간관계에 있어서 정직성은 단지 미덕에 그치는 것이 아니라 반드시 갖춰야 하는 요소이며 더 나아가 인간의 본질적 역량이다.

그런데도 왜 '정직=손해'라는 잘못된 믿음이 생겨났을까? 첫 번째 이유는 이른바 생각의 오류 자체에 기인한다. 이른바 기억의 편향인 것이다. 정직한 많은 사람이 별다른 손해 없이 성공적으로 목표를 달성하고 또 원만한 인간관계를 유지하면 곁에 있는 사람들은 그것이 당연한 듯 별 신경을 쓰지 않으며 기억에도 담지 않는다. 하지만 정직한 사람이 피해를 보거나 인간관계에서 실패를 경험하게 되면, 사람들은 이를 두고두고 기억한다. 그러고는 정직의 무능함에 관한 자기 충족적 예언을 지속해 나간다. 이러한 판단의 오류는 사실 정직 이외의 영역에서도 얼마든지 관찰할 수 있다. "그것 봐."라든가 "그럴 줄 알았어."라는 탄식 뒤에 숨은 생각의 오류라고 할 수 있다.[21]

하지만 더욱 중요한 건 두 번째 이유이다. 이른바 정직성이 다른 성격 혹은 능력과 만날 때 인간관계에 미치는 영향력을 우리가 무의식적으로는 열심히 살피면서도 의식으로 떠올려 중요한 판단의 근거로 삼지는 않는다는 것이다. 캐나다 켈러리대학교의 이기범 교수를 비롯한 이 분야의 저명한 심리학자들은 정직성이 얼마나 중요한 요인인가를 오랫동안 연구해 왔으며, 관련 연구들을 종합해 보면 다음과 같은 설명이 가능하다.[22] 정직성이 높은 사람들은 어떤 특징이 있을까? 상식적인 대답은 '거짓말을 하지 않음'이다. 하지만 이는 정직에 대한 매우 협소한 의미이며, 심지어 때로는 오해를 낳기도 한다.

21 — 김경일, 《지혜의 심리학》, 진성북스, 2017
22 — 이기범, 마이클 애쉬튼, 《H 팩터의 심리학》, 문예출판사, 2013

마치 거짓말만 하지 않으면 (물론 나를 비롯한 우리 모두가 이 한 가지조차 제대로 실천하며 살기가 정말 어렵다는 것을 잘 알고 있지만) 정직성의 충분조건을 갖춘 것으로 착각하기 때문이다. 하지만 심리학에서 말하는 정직성이란 더 많은 의미를 담고 있다. 정직한 사람들의 특징을 살펴보자.

- 타인을 조종하지 않고 가식적인 것을 싫어한다.
- 공정하고 준법적이며, 부와 사치를 중요하게 생각하지 않고 청렴하다.
- 자신이 특별히 우월하다고 생각하지 않으며, 따라서 상대가 약자라 하더라도 하대하지 않는다.

이에 기초하면 정직성이 떨어지는 사람들이 다른 사람과의 관계에서 어떤 특징을 보이는가에 대해서도 쉽게 유추할 수 있다.

- 목적을 위해 사람을 사귀며, 언제든지 필요할 때는 아부하는 것도 가능하다.
- 자신의 이익을 위해서는 규정과 규칙의 위반을 마다하지 않으며, 부와 지위를 추구하는 경향이 강하다.
- 타인과의 관계에서 자신에게 어떤 이득이 있는가를 늘 생각하며, 얻을 것이 없다고 판단되면 관계를 갑작스럽게 단절하기도 한다.
- 타인의 위에 군림하려 하며 특권 의식도 매우 강하다.

따라서 정직성이 떨어지는 사람은 다른 성격이나 능력 요인이 좋다 하더라도 인간관계에 있어서는 그 결과가 좋지 못할 가능성이 크다. 즉 낮은 정직성과 다른 요인들이 만날 때 대부분 아주 좋지 못한 유형의 사람들로 나타난다는 것이다. 이를 정리하면 아래와 같다.

정직성이 낮은 사람들이

- 원만성이 높으면 아첨꾼일 가능성이 높으며, 반대로 낮으면 이기적인 싸움닭의 모습을 보인다.
- 외향적이면 자아도취적인 사람이며, 반대로 내성적이면 거만한 고집쟁이일 가능성이 크다.
- 성실하면 자기밖에 모르는 음모에 가득 찬 야심가가 되며, 반대로 나태하면 그야말로 최악의 불평불만자이다.

위의 몇 가지만 보아도 정직성이 낮은 사람은 그 외의 어떤 능력이나 성격이 결합되어도 결코 좋은 사람이 되지 못한다는 것을 알 수 있다. 그렇기 때문에 우리는 어떤 사람과의 관계에서 그의 정직성 자체를 눈여겨보지는 않는다 하더라도 그 결과로서 나타나는 다양한 부정적 모습을 간파하여 내 관계의 네트워크에서 그 사람을 제거하거나 멀어지게 만든다. 간단히 말해 만나지 않으려 하기 때문에 그 상대를 이끌거나 따르지도 않는다는 것이다.

결론은 분명하다. 우리는 드러내 놓고 말하지 않고 또 의식하지 않아도 결국 정직성이라는 것을 기초로 사람의 마음을 움직이고 이끌며 또 따른다. 이끈다는 것은 정직성에 기초한 설득하기이고, 따른다는 것은 그 정직성에 대한 응답이다. 그래서 지혜로운 사람들은 애초에 이 정직성을 가장 먼저 살핀다. 부정직성과 다른 요인들이 결합되어 나타난 상대의 특징으로 인해 부정적인 일을 경험하고 난 뒤에야 당황하고 후회하는 것을 막기 위해서이다.

따라서 몇 가지 얄팍한 인간관계 기술이나 카리스마에 대한 환상에서 벗어나야 한다. 그리고 정직성을 구성하는 요소들의 중요성을 인식하고 이를 얻기 위해 노력해야 한다. 또한 우리의 자식, 후배, 그리고 후손들에게 가장 중요한 덕목으로 정직성에 대해 가르쳐 주고 스스로 이를 기를 수 있도록 도와주어야 한다.

그렇지만 심리학자의 한 사람으로서 늘 안타까운 것은 우리가 '이 세상은 정글이다.'라는 생각을 너무 강하게 하고 있다는 것이다. 정글에서 살아남으려면 분명 힘과 기술과 같은 경쟁력을 갖추고 있어야 한다. 이는 엄연한 사실이다. 하지만 이를 위해 정직성을 포기해서는 안 된다. 정글에서의 생존만을 고민하면 정직성을 가장 먼저 희생시키게 되고, 인생의 끝까지 함께 가야 할 소중한 동반자들에게서 자신의 용도가 다했을 때 가장 먼저 버려지는 사람이 될 수도 있기 때문이다. 그리고 이런 경우를 주위에서 너무나 많이 목격한다. 우리 자신을 다른 사람에게서 쉽게 버려지는 사람으로 만들 것인가 아니면 오랜 세월 함께 공존해 나갈 수 있는 의미 있는 사람이 될 것인가. 그 열쇠는 바로 '정직성'에 있다.

4장

문화와 개인:
동양인과 서양인은 정말 다를까?

　한국 사람과 미국 사람은 다른 방식으로 생각할까? 얼핏 간단해 보이는 질문이지만 이는 참으로 대답하기 어려운 문제이다. 하지만 분명한 점은 '일반화'라는 측면에 있어서 많은 심리학 연구의 결과가 제한적일 수 있다는 것이다. 우리가 접하는 많은 심리학 이론은 대부분 (심리학을 우리보다 먼저 시작한) 미국이나 유럽의 대학생들을 대상으로 이루어진 관찰과 실험 결과에서 얻어진 것들이기 때문이다. 따라서 이 결과를 얼마나 다양한 계층과 집단의 사람들에까지 적용할 수 있느냐는 늘 이슈가 되어 왔다.

　심리학이 선택할 수 있는 유일한 길은 실제로 그 다양한 사람들에게 같은 실험이나 관찰을 시행해 보는 것이다. 그런데 어떤 면에서 보면 당황스럽게, 또 다른 측면으로 보면 지극히 당연하게도 결과가 꽤 다른 양상으로 나타나는 경우가 제법 있다. 그중 대표적인 것이 바로 문화적인 차이이다. 즉, 한 문화권에서 관찰된 결과가 다른 문화권에서는 나타나지 않거나 심지어는 정반대의 경향을 보이기까지 한다.

이 문제에 대한 실마리를 찾기 위해 지금까지 심리학, 사회학, 인류학, 심지어는 경제학에 이르기까지 다양한 분야에서 많은 연구가 이루어져 왔다. 그 대표적인 예로, 미국 미시간대학교 심리학과의 리처드 니스벳Richard Nisbett 교수와 서울대학교 심리학과 최인철 교수를 주축으로 한 연구팀의 연구 결과를 들 수 있다. 이 연구팀은 지금까지 한국, 중국, 그리고 일본이 대표가 되는 동아시아 문화권과 미국을 비롯한 서양 문화권 간의 사고 과정에 어떠한 차이가 있는가를 중점적으로 연구해 왔다. 예를 들어, 동양 문화권에 있는 사람들은 통합적 사고holistic thinking를 기본으로 하는 반면 서양인들은 분석적 사고analytic thinking를 선호한다는 것이다. 통합적인 사고란 대상 간의 관계성 혹은 맥락에 기초해 내가 판단해야 하는 대상과 그 대상을 둘러싸고 있는 주변을 하나로 묶어 사고하는 것을 말하고, 분석적인 사고는 주변 맥락보다는 그 대상 자체에 자신의 인지적인 자원을 집중적으로 투자하여 사고하는 방식을 말한다.

이러한 차이는 다양한 종류의 사고 과정에서 관찰된다. 캐나다 앨버타대학교 심리학과의 타카히코 마수다 교수와 리처드 니스벳 교수는 일본인들이 어떤 대상을 기억할 때 기억해야 하는 대상뿐 아니라 그 대상 주변의 맥락을 포함해 처리하는 반면, 미국인들은 대상에 대해서 집중적으로 기억한다는 것을 발견했다.[23] 이는 기억력의 우열 문제가 아니라 인지적인 자원의 배분 방식에 있어서의 차이로 보아야 한다. 좀 더 단순화해서 이야기하자면, 일본인들은 대상과 맥락 배경에 5대 5로, 미국인들은 9대 1로 자신들의 인지적 자원을 배분한 것이다(물론 이 숫자들은 이해를 돕기 위한 예일 뿐이다). 그러니까 결국 대상+배경에 투자한 인지적 자원의 총량은 같다는 것이다.

이러한 양상은 문제를 해결해 나가는 과정에 있어서도 유사한 차이로 관찰된다. 예를 들어, 중국인들은 두 사람이 갈등하는 상황이 주어지면 그 책임을 두 사람 모두에게 조금씩 있다고 생각하는 반면, 미국인들은 어느 한 대상이 주로 잘못이 있다고 판단하는 경우가 더 일반적으로 나타난다.[24] 그렇다면 이처럼 매우 극명하게 관찰되는 문화 간의 차이가 동양인과 서양인은 다른 방식으로 사고한다는 것을 의미할까? 답은 그렇게 간단하지가 않다. 분명 서양인 중에도 동양인과 같이 통합적 사고를 위주로 하는 사람이 있을 것이고, 동양인 중에도 분석적 사고에 기초한 사람들이 다수 존재하기 때문이다.

그렇다면 (그리고 그럼에도 불구하고) 이러한 차이가 관찰되는 이유는 무엇일까? 분명 이 두 문화권 간에는 무언가 근본적인 그리고 (더욱 중요하게) 기저적인 변인에 있어서 차이가 있는 것은 아닐까? 한 가지 가능한 열쇠가 사회성sociality이다. 특히 불안과 관련된 사회성에는 동양

23 — Masuda, T., & Nisbett, R. E. (2001). Attending holistically versus analytically: Comparing the context sensitivity of Japanese and Americans. Journal of Personality and Social Psychology, 81(5), 922-934.

24 — Peng, K. P., & Nisbett, R. E. (2000). Dialectical responses to questions about dialectical thinking. American Psychologist, 55(9), 1067-1068.

문화권과 서양 문화권 간에 큰 차이가 있다. 즉, 집단주의적 요소가 많다고 일반적으로 생각되는 동양 사회에서는 사람들이 사회적인 측면과 관련된 불안감을 상대적으로 더 많이 지니고 있다. 한마디로 사회적으로 고립되기 싫어하는 경향이 동양인에게 더 크다는 것이다.[25]

점심시간에 푸드 코트에서 혼자 식사를 하는 한국 사람은 그리 많지 않다. 그러나 서양인들은 혼자 하는 식사를 그리 꺼리지 않는다. 혼자인 것에 대한 저항감에 있어서 문화 간에 차이가 있는 것이다. 그리고 이러한 경향성은 주위나 맥락 등 주변 정보에 인지적인 자원을 얼마나 투여하는가에 대한 정도의 차이를 만들어 낼 수 있을 것이다. 재미있게도 한국 문화에서는 "분위기 파악 못 한다."는 말이 다른 문화권에 비해 훨씬 더 부정적인 평가이며, 또 자주 사용된다. 게다가 이러한 '분위기 파악'과 유사한 다른 여러 말들(가령 '눈치'라든가 '센스' 등)도 많이 사용된다. 역시 이런 경향성을 반영하는 것이라고 볼 수 있다.

이러한 차이는 단시간 내에 만들어진 것은 아닐 것이다. 오랜 역사와 전통, 그리고 관습을 통해 그 문화권 내에 있는 한 사람, 한 사람에게 심어졌을 것이며, 그러한 차이가 문화 간 평균의 차이로 나타나게 된 것이다. 그러나 간과해선 안 되는 사실이 하나 더 있다. 하나의 동일한 문화 내에서도 개인 간의 차이 역시 매우 크다는 것이다. 즉,

---

25 — Kim, K., & Markman, A. B. (2006). Differences in fear of isolation as an explanation of cultural differences: Evidence from memory and reasoning. Journal of Experimental Social Psychology, 42, 350-364.

한국에서 많은 사람들이 혼자 점심 식사를 하기 싫어하지만 상당수의 사람들은 개의치 않을 것이며, 미국에서도 혼자 있기를 꺼리는 사람이 있을 것이다. 즉, 문화 간 차이와 개인 간 차이를 만들어 내는 바로 그 변인(심리학에서는 이러한 변인을 '개인차 변인'이라 한다.)을 알아보고, 그 개인차 변인의 차이가 어떻게 행동의 차이를 만들어 내는가를 살펴보면 왜 동양인과 서양인이 전반적으로 다른지를 보다 정확히 알 수 있을 것이다.

이렇듯, 개인차 변인의 평균적 차이를 통해 행동에 대한 문화적 차이를 들여다보면 재미있기도 하고, 더 납득이 가는 설명도 찾아볼 수 있다. 다음의 예를 보자. 인간의 확실성 편향certainty bias을 보여 주는 데 흔히 사용되는 알레의 역설Allais Paradox의 일부이다.

A: 1억 원 딸 확률 100%

B: 1억 원 딸 확률 89%
      5억 원 딸 확률 10%
      아무것도 따지 못할 확률 1%

위의 A와 B 두 게임 중 어느 것이 더 좋아 보이는가? 즉, 한 가지 게임만 할 수 있다면 어떤 게임을 하겠는가? 아마 모험이 싫고 확실하게 1억 원을 받고자 하는 사람은 A를, 조금 위험 부담이 있더라도 더 나은 조건을 기대할 수 있는 상황을 원하는 사람은 B를 선택할 것이다.

우리나라에서 이 같은 질문을 하면 B를 선택하는 사람들이 꽤 많다. 평균적으로 50%는 된다. 하지만 재미있는 것은 1억 원과 5억 원을 1,000달러와 5,000달러로 바꾸고 미국인들을 대상으로 실험하면 직업, 연령, 혹은 소득 수준에 따라 조금씩 차이가 있겠지만 대부분의 사람들이 A를 선택한다. 금액을 1억 원에 해당하는 10만 달러로 바꾸면 아예 절대다수가 A를 선택한다. 왜 그럴까? 평균적으로 금전적인 영역에서 우리나라 사람들(혹은 동양인들)이 더 모험적인 게 아닐까 하는 생각을 해 볼 수 있다.

실제로 2000년을 전후로 이와 관련해 꽤 흥미로운 연구들을 찾아볼 수 있다. 다른 영역(사회 교류, 건강, 학업 등)에서는 그렇지 않은데 유독 금전적인 측면에서는 동양인들이 더 모험적이라는 것이다. 이에 대해 미국의 심리학자들은 이렇게 해석한다.

"동양인들은 더 강하고 넓은 (친인척과 지인들로 이루어진) 사회적 네트워크를 가지고 있다. 그리고 이러한 네트워크는 다른 영역에서는 몰라도 금전적인 측면에서는 네트워크상에 존재하는 서로에게 안전망 역할을 해 줄 수 있을 것이며, 이러한 (금전적) 도움에 대한 기대는 사람들로 하여금 보다 더 모험적인 판단이나 결정을 할 수 있도록 해 줄 것이다."[26]

그렇다면 이러한 가정도 해 볼 수 있을 것이다. 고립 불안과 사회적 네트워크 변인에 있어서 동양에 사는 사람이라 해도 서양인들

---

26 — Hsee, C. K. and Weber,E.U. (1998). Cross-national differences in risk preference and lay predictions. Journal of Behavioral Decision Making, in press.

과 비슷한 수준을 지니고 있을 수 있고, 마찬가지로 서양에 사는 어떤 사람이 오히려 동양인들의 평균적인 수준과 비슷한 양상을 지니고 있을 수도 있다. 만약 그 사람들이 행동에서도 자신이 속한 문화의 평균적인 모습이 아닌 다른 쪽 문화의 전형적인 모습을 보인다면 어떨까? 아마도 문화는 개인차 변인의 평균적 차이가 반영되는 결과로 설명될 수 있을 것이다. 하지만 이 역시 문화적 차이를 완벽하게 설명하는 것은 결코 아니다. 왜냐하면 문화 자체가 가지고 있는 힘역시 일정 부분을 설명할 것이기 때문이다. 따라서 두 입장이 각기어느 정도의 설명력을 지니는가는 아직도 더 많은 연구를 해 봐야 알것이다. 그리고 두 관점 모두 다양하게 관찰되는 문화적인 차이를 설명하는 데 있어서 중요한 역할을 하고 있음을 인식해야만 한다.

동서양의 문화 간 차이는 분명히 존재한다. 그러나 개별 인간을이루고 있는 성격·인지 구조는 크게 다르지 않을 것이다. 예를 들어, 특정한 종류의 불안을 전혀 느끼지 않는 인간도 거의 없으며 그 종류의 불안을 24시간 느끼는 인간도 드물다. 다만 그 불안을 상대적으로얼마나 느끼며, 그에 따른 행동의 강도가 얼마나 다른지 차이가 있을뿐이다. 하지만 이러한 작은 차이가 때로는 큰 차이를 만들기도 하고, 이것이 문화라는 단위로 합산될 경우에는 매우 극적인 차이로 이어지기도 한다. 그렇기 때문에 보이는 것과 더불어 그 보이는 것을 만들어 내는 작은 부분들에도 관심을 가지면 새로운 차이가 느껴질 수있을 것이다.

여기서 잊지 말아야 할 것은 우리가 속한 문화에서 다수의 우리와는 다소 차이를 보이는 소수의 타인들을 보는 관점이다. 그들은 이상한 사람들이 아니며, 다른 문화의 시각에서 보면 오히려 현 위치에서 다수인 우리보다도 더 보편적이고 더 다수에 해당하는 사람들일 수도 있기 때문이다. 그런데도 우리는 무언가 다르게 생각하고 행동하는 사람들을 별종이라고 하거나 때로 이상한 사람으로 취급하기도 한다. "한국인은 정상이고 유럽인은 이상하다."라는 생각이 틀렸다는 것은 너무나도 쉽게 납득하면서 말이다.

5장

창의성:
우리는 AI보다 못한 존재일까?

4차 산업 혁명의 시대라는 말을 주위에서 정말 많이 듣게 된다. AI^Artificial Inteligence(인공지능)가 인간의 일자리를 모두 빼앗아 갈 거라는 두려움도 든다. 1997년 IBM의 딥블루에게 체스를 졌으며, 2011년 IBM의 왓슨에게 퀴즈도 졌다. 2016년에는 인간의 마지막 보루라고 여겨졌던 최고의 두뇌 게임 바둑에서조차 이세돌 9단이 구글의 알파고에게 무릎을 꿇으며 인간의 자존심이 여지없이 무너지고 말았다. 그렇다면 이제 인간은 끝인가? 물론 아니다. 많은 전문가가 아직 희망은 있다고 말한다. 왜냐하면 인간에게는 엉뚱한 생각에서부터 출발해 전혀 예상하지 못했던 것을 이끌어 내는 이른바 창의성이 있기 때문이다. 마치 사진 같은 렘브란트의 그림은 AI가 학습하여 더더욱 렘브란트처럼 그려 낼 수 있지만, 피카소의 그림은 도저히 흉내 내지 못하는 것도 바로 그 그림의 창의성과 독특함 때문이다.

그렇기 때문에 인지심리학자로서 가장 많이 받는 질문 중 하나가 바로, "어떻게 하면 창의적인 사람이 될 수 있는가?"이다. 막막한 질문이기도 하지만 중요한 질문이 아닐 수 없다. 많은 연구자들이 창의적인 사람의 특성에 대해 이야기한다. 유창성, 융통성, 독창성, 정교성, 민감성 등이 주요 요인으로 언급되기도 하고, 확산적 사고divergent thinking와 같은 능력이 핵심 요소라고 알려져 있기도 하다. 그러나 이런 요인들은 대부분 '결과'에 해당하는 것이다. 즉, 창의적인 사람이 그 결과로서 지니는 능력이라서 이를 직접적으로 교육이나 자기 훈련의 대상으로 삼는 것은 그 효과가 떨어질 뿐 아니라 어렵기만 할 뿐이다.

그렇다면 이른바 '원인' 변인에 해당하는 것은 무엇일까? 첫째, 유추analogy에 대한 훈련이다. 유추는 서로 관련 없어 보이는 둘 혹은 그 이상의 것들을 관련짓는 심리적 과정으로 정의된다. 역사에 남을 훌륭한 과학적 업적이나 산업적 혁신을 가능케 한 수많은 아이디어들이 이러한 유추 과정을 거쳐 가능했다. 예를 들어, 벤젠의 순환하는 분자 구조는 뱀이 자기 꼬리를 물어 고리 모양이 되는 모습을 꿈에서 본 아우구스트 케쿨레August Kekule에 의해 그 비밀이 풀렸고, 원자의 구조도 태양 주위로 다른 행성들이 공전하는 태양계의 구조가 적용되면서 밝힐 수 있었다고 한다.

그렇다면 유추는 어떻게 잘할 수 있을까? 아쉽게도 유추 능력 역시 결과에 가깝고 그 기초 체력으로서 은유metaphor를 많이 경험하는 것이 가장 근본에 해당하는 과정이다. 예를 들어, "눈은 마음의 창"은 은유적 표현이다. 이 표현 안에 있는 '눈', '마음', 그리고 '창문'은 평소에는 별로 상관없는 개념이지만 이 은유를 통해 하나로 묶인다. 그리고 우리는 이를 통해 세 단어의 관계성에 대해 이해할 수 있는 것이다. 동떨어진 두 대상을 이어 본다는 측면에서 은유의 경험은 결국 유추 능력을 위한 연습 과정이 된다.

인지심리학자들이 생각하는 독서의 이유도 바로 여기에 있다. 책에는 수많은 은유가 존재하기 때문이다. 지식의 축적이라는 상식적인 목적보다 훨씬 더 중요한 사고 능력을 위한 기초가 바로 독서를 통해 길러지는 것이다. 대학에서 이른바 '고전 읽기'와 같은 커리큘럼이 중요한 이유가 바로 여기에 있다.

둘째, 기존의 것으로부터 벗어나기 위한 마음가짐과 이를 위한 환경이다. 그런데 걸림돌들은 여전히 그리고 강하게 존재한다. 먼저, 사람 요인이다. 인지심리학자들은 인간을 인지적 구두쇠라고 칭한다. 이는 인간이 인지적으로 많은 자원을 소비하면서 어떤 생각을 깊게 하는 것 자체를 본능적으로 싫어하기 때문이다. 그리고 이는 무언가 변화를 주어서 초래되는 불이익은 변화 없이 초래되는 불이익보다 더 심리적 타격이 크다는 현상 유지 편향status quo bias과 자연스럽게 연결된다. 결과적으로 인간이 성장해 가면서 창의적이지 않은 측면을 지니게 되는 이유를 잘 설명해 주는 것은 물론이고 말이다. 나이를 먹으면서 기존의 것을 벗어나지 않음으로써 안정감을 유지하려는 마음이 더 강해지기 때문이다.

이러한 고착과 편향으로부터 탈피하는 것은 창의적인 사고의 선

결 요건인데, 재미있게도 연구자들은 사고의 고착에서 탈피하기 위해서는 그 사고의 대상이 되는 문제로부터 물리적, 시간적으로 탈피해 볼 필요가 있다고 말한다. 이러한 탈피를 잠복기incubation라고 한다. 물론 모든 종류의 문제에 이러한 잠복기가 필요한 것은 아니다. '347+326'과 같이 단계적으로 답에 가까워지는 문제가 아니라 주로 통찰insight이 필요한 문제들이 이러한 잠복기를 일정 기간 필요로 한다. 그리고 그 잠복기 이후에 문제에 대한 해결책이 갑자기 찾아오면서 '아하!' 하며 무릎을 탁 치는 경험을 누구나 한 번쯤은 해 보았을 것이다. 왜 그럴까? 물리적으로나 시간적으로 문제에서 떨어져 있는 동안 우리는 다른 여러 생각을 해 볼 기회를 가질 수 있고, 보다 다양한 유추, 즉 은유의 재료들을 확보할 수 있기 때문이다.

변인에 해당하는 셋째는 바로 속도에 대한 강박관념을 버리는 것이다. 대학의 대부분 시험은 일정한 시간을 주고 답을 쓰게끔 하는 형태를 취한다. 강의실에서도 질문이 주어지면 빠르게 대답하는 학생이 더 우수한 학생인 것처럼 대접받는다. 그러나 이렇게 무언가를 빠르게 하려고 하면 인간은 적은 수의 대안만을 고려해서 생각하고 문제를 해결하려고 한다. 한마디로 인지적 구두쇠로서의 모습을 더욱 강하게 보이는 것이다. 그리고 이런 과정이 반복되면 일상적이고 반복적인 지식만을 사용하려는 경향이 굳어지며, 결국에는 고정관념에서 탈피하지 못하는 사람이 되는 것이다. 그래서 나는 시간이 날 때마다 효율성은 창의성의 가장 큰 적이라고 강조한다.

이상의 세 가지는 물론 창의적인 사람을 길러 내는 모든 요인을 설명하는 것은 아니다. 하지만 심리학자들이 수많은 경험적 예를 관찰하면서 공통적인 것으로 확인해 온 것이므로 가장 중요한 요인으로 생각할 수는 있다. 우리 사회에서, 그리고 우리의 교육 과정에서 과연 이러한 요소들이 존재하는지 고민해 볼 필요가 있을 것이다.

창의성을 알아볼 수 있는 환경

창의적인 사람이 되기 위해 필요한 유추, 잠복기, 여유로운 마음 같은 측면이 모두 있다고 해서 모든 요건이 충족되는 것은 아니다. 이런 요소들 못지않게 중요한 것이 바로 환경이다. 즉, 한 사람이 어떻게 하면 창의적으로 생각하고 창의적인 결과물을 만들어 낼 수 있는가와 별도로, 그 사람을 둘러싸고 있는 다른 사람들과 환경이 못지않게 중요하다는 것이다. 그런데 안타깝게도 우리 사회에서는 창의적인 사람이 오히려 골칫덩어리로 취급되는 사례가 많다.

이렇게 되는 중요한 이유 중 하나는 창의적인 사람들이 '자기 일에만 몰두하며 타인의 일이나 사회적 책임에는 무관심한 사람'이라는 편견을 우리가 은연중에 가지고 있기 때문이다.[27] 게다가 이는 우리나라뿐만 아니라 다른 나라에서도 마찬가지이다.[28] 그러나 어떤 사

---

27 — Gallup. (1994). Survey #22-00807-024. New York: The Gallup Institute.
28 — Westby. E. L. & Dawson, V. L. (1995). Creativity: Asset or burden in the classroom? Creativity Research Journal, 8, 1-10.

회나 조직이 창의적인 무언가를 이룩하려면 창의적인 사람 못지않게 그들과 그들의 생각을 알아보는 눈을 가진 사람이 반드시 필요하다. 어떤 사람을 창의적으로 만들고 그에 관한 동기를 북돋기 위해서는 사회적인 관점과 환경이 정말 중요한 요인이라는 말이다. 창의적 환경에 관한 연구를 국내에서 가장 집중적으로 해 온 연구자로 성균관대의 최인수 교수를 들 수 있다.[29] 몇 가지 예를 살펴보자.

보티첼리의 〈비너스의 탄생〉은 워낙 유명한 그림이라 아마 대부분의 사람들이 본 적이 있을 것이다. 그러나 미술사적으로도 엄청난 역작이라는 찬사를 받는 이 그림은 무려 400년 동안 와인 저장고에 방치되어 있었다. 어찌 된 일일까? 보티첼리가 이 그림을 그린 시기는 15세기로 이때 유행하던 화풍은 보티첼리의 화풍과는 전혀 달랐다. 당시에는 거의 모든 사람들이 라파엘이라는 화가의 화풍을 따르던 시절이었기 때문이다. 이런 대세를 따르지 않았던 보티첼리의 그림은 사람들에게서 철저히 외면당했다. 하지만 수백 년 뒤 영국의 저명한 비평가 존 러스킨John Ruskin이 이 그림의 어마어마한 예술적 가치를 한눈에 알아보고 이를 알리는 글을 발표하기 시작했다. 그의 글을 읽은 사람들은 보티첼리의 그림에 관심을 보이기 시작했고, 그 결과 이제는 전 세계 사람들이 이 〈비너스의 탄생〉을 피렌체의 우피치 미술관에서도 가장 좋은 자리에서 관람하고 있다.

---

29 — 창의를 위한 환경에 관한 본 책의 내용은 이분의 강연(2009년 아주대학교 국제컨퍼런스 〈창의적 인재의 선발과 대학의 미래〉), 저서(《창의성의 발견》, 쌤앤파커스, 2011), 그리고 개인적 대화를 통한 내용을 참조하여 작성하였음을 밝힌다.

■ 이탈리아 화가 산드로 보티첼리sandro Botticelli가 그린 〈비너스의 탄생〉

그렇다면 이쯤에서 한번 생각해 보자. 현재 수많은 사람들이 이 그림을 감상할 수 있게끔 해 준 사람은 누구인가? 당연히 그림을 독창적으로 그려 낸 보티첼리이다. 하지만 러스킨이 없었다면 어땠을까? 이 그림은 결코 세상에 나오지 못했을 것이다. 그런데도 우리는 후자의 안목과 노력에는 별 관심을 기울이지 않는 경향이 있다. 이런 예는 우리 주위에서 흔히 볼 수 있다.

한 가지 예를 더 살펴보자. 오늘날 전 세계 사람들이 개인용 컴퓨터를 사용하면서 매일 쓰고 있는 윈도우windows라는 운영 체제가 있다. 사용자 편의성이 현저히 떨어지던 기존의 운영 체제인 도스DOS에 비해 누구나 쉽고 빠르게 친숙해질 수 있는 윈도우는 가히 혁명적이라고 할 수 있었다. 지금 생각해도 정말 창의적인 업적이다. 그런데 이를 만들고 세상에 알린 사람은 누구일까? 만든 사람과 세상에 알린 사람이 각각 다르다. 세계 최초로 윈도우를 만든 사람들은 복사기를 만드는 회사인 제록스사의 팰로앨토 리서치 센터PARC: Palo Alto Research Center에 재직 중이던 연구원들이었다. 1970년대 후반에 이미 그들은 자신들의 연구 업무를 위해 현재의 윈도우 시스템의 중심이 되는 그래픽 사용자 인터페이스GUI, Graphic User Interface를 만들어 사용하고 있었다.

그러나 이 엄청나면서도 획기적인 운영 체제의 잠재력을 알아본 사람은 전혀 다른 곳에 있었으니, 바로 애플 컴퓨터의 스티브 잡스Steve Jobs였다. 만들어 낸 사람들은 제록스사의 연구원들이었지만 이 운영 체제의 가치를 알아보지 못한 제록스사의 경영진은 컴퓨터 산업 전체를 지배할 수도 있었던 기회를 스스로 놓친 셈이 된 것이다. 창의적인 것을 만들어 내는 것도 중요하지만 이를 알아보는 것은 어찌 보면 더 중요한 일이다. 최인수 교수에게서 들은 이야기 중 내 기억에 항상 남아 있는 것은 바로 이 말이다.

"창의성은 결코 천재 개인만의 몫이 아니다."

창의적인 사람뿐만 아니라 그들 주위에서 그 창의성을 알아보는 사람 역시 더없이 중요하다. 이를 위해서는 우리 각자가 창의적인 사람을 인정하고 여유 있게 기다려 줄 수 있는 개방적인 사고를 가질 필요가 있다. '창의적인 사람은 무언가 천재적인 사람이며, 나는 그런 사람이 아니다.'라는 소극적인 마음가짐으로는 대학이든 사회든,

아니면 더 나아가 국가에서든 창의적인 사람이 나올 수 없다. 따라서 '창의'의 의무는 모든 사람이 나누어 가져야 하는 것이며, 단지 최종적인 무언가가 나오기까지의 역할이 각자 조금씩 다를 뿐임을 잊지 말아야 한다.

정의가 무너지면 증가하는 악의적 창의성

군대에서 간혹 후임병으로 만난 것이 다행이다 싶을 만큼 기발한 발상으로 아랫사람을 괴롭히는 사람들이 있다. 어쩌면 저렇게 누굴 괴롭힐 때만 머리가 좋아질까 싶은 사람들. 사회에서도 마찬가지로 나쁜 짓을 할 때만 창의적인 사람들이 있다. 이들은 어떤 사람들일까? 소시오패스라고 간단하게 치부해 버릴 수도 있겠지만, 이런 사람들이 꼭 타고난 소시오패스는 아니다. 오히려 사회나 조직에서 그런 사람으로 만들어 버린 경우도 있다. 그러니까 말하자면, 지금은 멀쩡한 우리 자신도 이렇게 '나쁜 쪽으로 머리 좋은 인간'으로 변질될 수 있다는 것이다. 좀 더 정확하게 표현하자면 사람들을 그렇게 만들어 가는 '상황'과 '여건'이 있다.

창의와 혁신 분야의 저명한 연구자인 미국 코네티컷대학교의 제임스 코프먼James Kaufman 교수는 이렇게 만들어지는 창의성을 '악의적 창의성'이라고 하였다. 그렇다면 이러한 악의적 창의성은 어떻게 사람들의 마음속에서 자라나는 걸까? 결론부터 말하자면 정의 중에서

도 협력에 대한 정의가 무너지는 순간부터이다. 그 악순환의 고리를
한번 살펴보자.

2019년 네덜란드 암스테르담대학교의 마테이스 바스^{Matthijs Bass} 교
수 연구진은 사람들이 악의적으로 기발해지는 상황을 밝혀 주는 연
구를 발표했는데, 그들의 연구 방법 자체도 정말 기발했다.[30] 유명한
'죄수의 딜레마 게임'이라는 것을 약간 변형해 활용한 것이다. 죄수
의 딜레마 게임에서는 죄수인 나와 동료 모두가 상대방을 배신(즉, 자기
만 자백)하지 않고 모두가 서로에게 협력(즉, 묵비권 행사)하면 양쪽 모두에
게 꽤 괜찮은 결과가 나온다. 하지만 나만 협력하고 상대방은 나를 배
신하면 나에게 최악의 결과가 온다. 마찬가지로 나만 배신하고 상대
방은 협력하면 상대방에게 최악의 결과가 나온다. 양쪽 모두 배신하
면 최악까지는 아니더라도 모두에게 중간 정도의 안 좋은 결과가 나
온다. 이런 상황에서 사람들은 당연히 고민하게 된다. 그리고 꽤 많은
사람들이 이런 약삭빠른 계산의 유혹을 경험하게 된다.

'중간 수준의 이득이라도 얻으려면 상대방의 협력 혹은 배신과
무관하게 나는 배신하자.'

이렇게 상대방과 나를 포함한 우리로서는 협력이 좋겠지만 나만
생각하면 배신이 그나마 덜 최악인 결과를 만들어 내는 것이 죄수의
딜레마 게임의 골자이다.

---

30 — Baas, M., Roskes, M., Koch, S., Cheng, Y., & De Dreu, C. K. W. (2019). Why Social Threat Motivates
Malevolent Creativity. Personality and Social Psychology Bulletin, 45(11), 1590-1602. https://doi.
org/10.1177/0146167219838551

바스 교수 연구진은 죄수의 딜레마 게임에 약간의 변형을 가했는데 이 변화가 절묘했다. 게임에서 나는 협력했는데 상대방은 나를 배신한 경우 내가 입는 피해의 양을 더 크게 한 것이다. 이는 높은 사회적 위협 조건이다. 반대로 그 피해를 줄인 경우도 있다. 배신을 당해도 피해가 그리 크지 않은 것이다. 당연히 낮은 사회적 위협 조건이다. 이런 게임을 몇 차례 한 후 이제 사람들은 전혀 다른 무관한 과제를 수행한다. 예를 들어, "하나의 벽돌로 할 수 있는 독특한 일들을 모두 나열하라."라는 질문에 대답하게 하는 것이다. 사람들에게는 3분의 시간이 주어졌다.

결과는 흥미로웠다. 높은 사회적 위험 조건을 경험했던 사람들은 그 이후 전혀 무관한 벽돌 용도 과제에서 악의적 창의성이 크게 증가한 것이다. 더욱 주목할 만한 점은 나열한 아이디어의 수는 더 적었음에도 악의성만 큰 것으로 나타났다. 즉, 이전의 딜레마 게임에서 자신이 협력했음에도 상대방에게 사회적으로 배신당한 정도가 큰 사람들은 더 적은 수의 아이디어로 매우 악의적으로 기발한 생각을 한다는 것이다. 더 좁아진 시야를 가지고 악의적으로 창의적인 사람들로 돌변했다는 뜻이다. 그러니 그냥 배신도 아닌 협력한 결과로 배신당해 고통스러워하는 사람들을 방치하면 우리 사회에 얼마나 비극적인 일이 초래되는가를 반드시 명심해야 한다. 그 결과는 악의적 창의성의 급증이다. 최악의 결과가 나오는 것이다.

참고 문헌

- 권석만, 《젊은이를 위한 인간관계의 심리학》, 학지사, 2017

- 김경일, 《지혜의 심리학》, 진성북스, 2017

- 이기범, 마이클 애쉬튼, 《H 팩터의 심리학》, 문예출판사, 2013

- 최인수, 《창의성의 발견》, 쌤앤파커스, 2011

- 홍대식, 《성공적 인간관계》, 박영사, 2011

- Baas, M., Roskes, M., Koch, S., Cheng, Y., & De Dreu, C. K. W. (2019). Why Social Threat Motivates Malevolent Creativity. Personality and Social Psychology Bulletin, 45(11).

- Cohen J., Chesnick E. I., Haran D. (1971), Evaluation of compound probabilities in sequential choice. Nature, vol. 232.

- Gallup. (1994). Survey #22-00807-024. New York: The Gallup Institute.

- Franks NR, Richardson T (2006). "Teaching in tandem-running ants". Nature 439 (7073): 153. doi:10.1038/439153a. PMID 16407943

- Hsee, C. K. and Weber, E.U. (1998). Cross-national differences in risk preference and lay predictions. Journal of Behavioral Decision Making, in press.

- Hsee, C. K. (1996). The Evaluability Hypothesis: An explanation for preference reversals between joint and separate evaluations of alternatives. Organizational Behavior and Human Decision Processes, 67.

- Kim, K., & Markman, A. B. (2006). Differences in fear of isolation as an explanation of cultural differences: Evidence from memory and reasoning. Journal of Experimental Social Psychology, 42.

- Markman, A. B., & Gentner, D. (1993). Splitting the differences: A structural alignment view of similarity. Journal of Memory and Language, 32.

• Markman, A. B., & Gentner, D. (1996). Commonalities and differences in similarity comparisons. Memory & Cognition, 24.

• Markman, A. B., & Gentner, D. (1997). The effects of alignability on memory storage. Psychological Science, 8.

• Masuda, T., & Nisbett, R. E. (2001). Attending holistically versus analytically: Comparing the context sensitivity of Japanese and Americans. Journal of Personality and Social Psychology, 81(5).

• Milgram, S. (1963). "Behavioral Study of Obedience". Journal of Abnormal and Social Psychology 67(4).

• Newman, M.L., Pennebaker, J.W., Berry, D.S., & Richards, J.M. (2003). Lying words: Predicting deception from linguistic style. Personality and Social Psychology Bulletin, 29.

• Peng, K. P., & Nisbett, R. E. (2000). Dialectical responses to questions about dialectical thinking. American Psychologist, 55(9).

• Pennebaker, J.W. (2010). Expressive writing in a clinical setting. The Independent Practitioner, 30.

• Rugg, D. (1941). Experiments in wording questions: II. Public Opinion Quarterly, 5.

• Sanfey, Rilling, Aronson, Nystrom, & Cohen (2003), The neural basis of economic decision making in the Ultimatum game, Science 300.

• Tversky, A., & Kahneman, D. (1973). Availability: A heuristic for judging frequency and probability. Cognitive Psychology, 5.

• Tversky, A. and Kahneman, D. (1983). "Extension versus intuitive reasoning: The conjunction fallacy in probability judgment". Psychological Review 90(4).

• Weintraub W. 1989. Verbal Behavior in Everyday Life. New York: Springer

• Westby. E. L. & Dawson, V. L. (1995). Creativity: Asset or burden in the classroom? Creativity Research Journal, 8.

• Zhang, S., & Markman, A. B. (2001). Processing product unique features: Alignability and involvement in preference construction. Journal of Consumer Psychology, 11.

Q. 창의적인 사람이 따로 있을까?

A. 꼭 그렇지는 않다. 같은 사람일지라도 창의적일 수 있는 상황과 평범할 수밖에 없는 상황에서 보여 주는 차이가 크다. 이는 창의적인 사람과 그렇지 않은 사람과의 차이보다도 훨씬 크다. 그리고 창의성의 핵심으로 방법이나 수단과 같은 더 쉽게 인식할 수 있는 것들보다는 목표나 결과물에 대한 자유로운 생각이 우선시된다. 그래서 창의성은 능력이라기보다는 상황에 더 가깝다.

Q. 잠을 적게 자는 것이 사고력에 어떤 영향을 미칠까?

A. 노련한 주식 중개인이 어이없는 실수로 0을 몇 개 더 붙이거나 빼고 매도(혹은 매수)하는 실수가 종종 일어난다. 이유는 지난 며칠 동안 잠을 제대로 자지 못했기 때문이다. 아무리 철저히 정신 무장을 한 병사라 할지라도 48시간 이상 잠을 자지 못한다면 전투에서 실수하기 마련이다. 실제로 병사들이 수면 부족으로 적군이 아니라 엉뚱하게도 양민을 학살한 사례가 많이 있다.

영국에서는 청소년들을 1시간씩 늦게 등교시킴으로써 (즉 1시간 더 재움으로써) 그 어떤 방법으로도 불가능했던 수준으로 범죄율을 낮출 수 있었다. 대형 병원의 의료 사고를 낮추기 위한 가장 좋은 방법은 젊은 의사들을 조금이라도 더 잘 수 있게 하는 것이라는 연구 결과도 있다. 내가 한 방송사와 같이 취재해 본 결과 심각한 수준의 난폭 운전과 보복 운전을 하는 사람들의 대부분은 지난 일주일 동안의 수면 양이 평소보다 현저하게 적었다. 질적이든 양적이든 수면이 부족한 사람이 저지르는 실수와 실패에 있어서는 이루 헤아릴 수 없이 많은 연구와 사례들이 존재한다.

Q. 노력해도 일을 잘 못하는 이유는 뭘까?

A. 첫째, 그 사람이 멀티태스킹 하고 있는지를 확인해 보아야 한다. 멀티태스킹이란 무엇인가? 여러 가지 일을 동시에 하는 것이다. 결론부터 말하자면 멀티태스킹은 악마이다. 무슨 말인가 하면, 아무리 간단한 일이라도 동시에 두 가지를 하면 어느 한 군데서 일의 수행이 정상적인 상황보다 떨어질 수밖에 없다는 것이다. 예를 들어 운전 중에 통화할 때 핸즈프리를 사용하더라도 사고율은 크게 떨어지지 않는다. 손에 휴대 전화를 들고 있지 않아도 대화에 주의를 빼앗기기 때문에 돌발 상황에 대한 대처가 늦어지는 것이다. 그래서 몇 가지 일 사이에서 주의를 이동시키는 것은 예상 외로 대단한 능력이다.

아주 간단한 형태를 한번 살펴보자. 두 귀에 각기 다른 메시지가 들리는데 신호에 따라 어느 한쪽은 주의를 집중하고 다른 쪽은 무시해야 한다. 그리고 그 신호는 왼쪽과 오른쪽이 무작위로 제시되기 때문에 예측할 수 없다. 간단해 보이는 실험이지만 결코 쉽지 않다. 이 과제의 수행 점수는 1970년대 이스라엘 공군 비행학교에서 교육 훈련생의 비행 수행 능력을 가장 잘 예측하는 지수가 되었다. (이런 간단한 연구를 통해 훈련생 선발 작업에 드는 엄청난 비용을 획기적으로 줄인 사람이 바로 2002년 노벨 경제학상을 수상한 인지심리학자 대니얼 카너먼이다.)

하지만 두 번째 이유가 더 중요하다. 이는 호환성 저하이다. 경험이 만들어 낸 익숙한 체계를 거스르는 것은 아무리 간단한 일이라도 큰 어려움이 따른다는 사실에 기초한다. 이를 잘 보여 주는 것이 바로 그 유명한 '스트룹 효과Stroop effect'이다. 존 리들리 스트룹John Ridley Stroop이라는 유명한 심리학자의 성을 따서 이름 붙인 이 실험의 과제는 매우 간단하다. 글자를 읽지 않고 글자 색을 말하는 것이다. 예를 들어, 파란색으로 인쇄된 '빨강'이라는 글자는 '빨강'이라고 답하지 않고 '파랑'이라고 답해야 한다. 그런데 피실험자들은 자꾸만 글자를 그대로 읽는 실수를 범하게 된다. 이것이 바로 스트룹 효과이다. 이전에 정착된 행동(글자를 읽는 것)이 새로운 과제(글자 색을 말하는 것)를 방해하고 있는 것이다. 속도를 내서 하거나 여러 가지 일을 하려고 할 때 이런 방해는 더욱 기승을 부린다. 기존의 자동화된 행동을 '억제'나 '무시'해야 하는 새로운 일은 좀

처럼 숙달되기 어렵다는 것이다. 이를 비일관적 매핑inconsistent mapping 상태라고 도 한다. 이전에는 정답이었던 행동이 지금은 오히려 자제되어야 하는 혹은 심지어 오답인 경우를 통칭한다. 이전에 자제되어야 했던 행동이 지금 유발되 어야 할 때도 당연히 마찬가지의 방해가 심각해진다. 이것이 어떤 사람이 좀 처럼 새로운 일을 하지 못하는 두 번째 이유이다.

Q. 논리적 사고와 과학적 사고의 차이는 무얼까?

A. 논리적 사고는 쉽게 말하자면 말이 되게 이야기하는 것을 뜻한다. 쉬워 보이 지만 꽤 많은 경우 사람들은 논리적이지 못하다. 예를 들어 보자.

"훌륭한 시인들은 모두 술고래야. 그런데 나도 술고래지. 그러니까 나는 훌륭 한 시인이 될 거야."

이 문장은 논리적으로 명백한 오류이다. 'A(훌륭한 시인)이면 B(술고래)이다.'라 는 전제 다음에 나온 사례인 'C(나)는 B이다.'를 가지고 'C이면 A이다.'라는 결 론에 도달하지 못하기 때문이다. 따라서 논리적이지 않은 주장은 설득력이 떨 어진다. 논리적인 사고는 전제, 사례, 결론의 연결 고리가 합당할 때 완성되며, 이 경우 다른 사람과의 논쟁이나 설득에 있어서 긍정적인 힘을 갖게 된다.

하지만 과학적인 사고는 전혀 다른 측면이 더 중요하다. 과학적 사고는 그 무 엇보다도 기존의 지식에 대해 의식적으로 저항하고 의심하는 것을 필요로 한 다. "훌륭한 시인이 모두 술고래라고? 그렇지 않은 사람들도 얼마든지 있을 걸?"과 같이 말이다. 그리고 그 의혹을 지지하거나 반박하는 증거를 찾아 나 서야 한다. 따라서 과학적인 사람은 뛰어난 화술과는 거리가 멀어 보이는 경 우가 많으며, 심지어는 성마르고 까칠해 보이는 경우도 다반사이다. 과학적인 사람이 논리적이지 않은 경우도 많다는 뜻이다.

종합하자면 논리적인 사고가 강한 사람은 말이 되게끔 이야기하기 때문에 기 본적으로 설득에 유리하며, 과학적 사고는 기존 지식이나 사실을 무작정 받아 들이지 않는 의심과 수사에 유리하다. 문제는 우리 사회의 교육 체계가 논리 적인 사람에게는 매우 우호적이지만 과학적 사고를 하는 사람에게는 꽤 불친 절하다는 점이다. 논술이든 사지선다형 시험이든 혹은 면접이든 간에 논리적 사고를 하는 사람들은 고득점을 받기가 수월한 반면, 과학적 사고가 강한 사람들은 예선 통과조차 어려운 경우가 많다.

Q. 계획대로 일이 잘되지 않는 이유는 뭘까?

A. 가장 흔하고 중요한 이유는 그 일을 완성하는 데까지 걸리는 시간과 목표를 하나로 묶어서 보기 때문이다. 예를 들어, 어떤 사람이 아침에 일어나 저녁에 있을 집들이를 준비한다고 가정해 보자. 그 준비를 하면서 '저녁 전까지 식사 준비를 마치자.'라고만 마음먹으면 시간의 잣대도 하나(오늘 하루)이고 목표도 하나이다(집들이 준비 마치기). 목표가 하나밖에 없으니 '그거 하나 못 하겠어?' 하는 낙관적인 생각이 드는 것도 무리가 아니다. 게다가 그 최종 목표를 위해 해야 할 세부적인 일들(국, 다양한 반찬들, 밥, 후식으로 사용할 과일 등)이 모두 하나의 시간 잣대와 목표에 들어간다. 따라서 일의 경중이나 우선순위, 더욱 중요하게는 개별적인 하나의 일이 시간을 얼마나 필요로 하는가에 대한 조망이 부족해질 수밖에 없다.

하지만 재치 있는 사람이라면 이런 경우 경험상 일을 시작하기 전에 무언가 간단한 작업을 해야 한다는 것을 알고 있다. 해야 할 일의 목록을 종이에 적어 내려가는 것이다. 그렇게 써 내려가면서 일의 순서를 바꾸기도 하고 연관성 있는 일들을 서로 이어 붙이기도 한다. 그렇게 되면 하나의 시간 잣대와 하나의 목표는 구체적으로 여러 개의 시간 구간과 세부 목표들로 구성되게 된다. 이런 과정을 거치면 여러 가지 일들을 동시에 하면서 허둥지둥하게 되는 현상을 상당히 많이 줄일 수 있고, 차근차근 (즉, 하나하나씩) 일하는 자신의 모습을 발견하게 된다.